AF529438

लेखकीय निवेदन

मैं 2021 की फरवरी की 26, 27 व 28 तिथियों में राजस्थान के भीनमाल में श्री आचार्य अग्निव्रत नैष्ठिक जी द्वारा आयोजित किए गए एक वेदों में विज्ञान सम्बन्धी कार्यक्रम में सम्मिलित होने गया था। तब मेरे साथ श्री तोरण सिंह आर्य (मथुरा), श्रीनिवास आर्य (सह संपादक- 'उगता भारत' समाचार पत्र) व मेरा बेटा अमन आर्य भी था।

तब मैं भीनमाल स्थित जिनालय (जैन) धर्मशाला में कमरा नंबर 231 में अपने सह यात्रियों के साथ रुका था। उसी कक्ष के पड़ोसी कमरे में डॉक्टर मोक्षराज जी रुके हुए थे। जो कि अमेरिका में भारतीय संस्कृति शिक्षक (भारतीय राजदूतावास) के पद पर कार्यरत रहे हैं। उनके साथ भारतीय संस्कृति और वेदों पर बातें होने लगीं। प्रसंग गीता का भी आ गया। तब मैंने उनसे कहा कि प्रचलित गीता को बहुत अधिक प्रामाणिक और विश्वसनीय नहीं माना जा सकता। क्योंकि मूल रूप में इतना बड़ा प्रसंग गीता का नहीं हो सकता कि इसे पढ़ने में ही कई दिन लग जाएं। निश्चित रूप से उस समय गीता बहुत संक्षिप्त में पूर्ण कर दी गई होगी।

मैंने अपनी यादों को कुरेदते हुए उनसे कहा कि मैंने गीता को 70 श्लोकों में भी पढ़ा है, जो कि मुझे 'अमर स्वामी प्रकाशन' गाजियाबाद से प्राप्त हुई थी। तब उन्होंने कहा कि 'पता है, उस पुस्तक का संपादन किसने किया था?' मैंने कहा कि 'नहीं'। तब उन्होंने कहा कि 'वह मैंने ही किया था।'

अब तो हम दोनों की बातें और भी अधिक आत्मीयता के साथ होने लगीं। वह कुछ देर में वे अपने कक्ष में गए और उन्होंने मुझे वहां से लाकर 'गीता तत्व दर्शन' नामक अपनी पुस्तक प्रदान की।

इस प्रसंग को मैंने यहां पर इसलिए भी प्रस्तुत किया है कि मेरे द्वारा लिखित इस काव्यमय गीता अर्थात 'गीता मेरे गीतों में' की प्रत्येक कविता के शीर्षक को मैंने डॉ. मोक्षराज जी की उक्त पुस्तक के आधार पर ही बनाने का प्रयास किया है। तदर्थ मैं उनका आभारी हूँ।

वास्तव में 'गीता तत्व दर्शन' नामक उपरोक्त पुस्तक के भाष्यकार स्वामी ओमानंद 'योगतीर्थ' जी हैं। जिसका संपादन डॉ. मोक्षराज जी द्वारा किया गया है। 70 श्लोकी गीता का संक्षिप्त परिचय प्रस्तुत करते हुए स्वामी ओमानंद 'योगतीर्थ' जी कहते हैं कि प्राचीन भगवदगीता में 700 के स्थान पर 70 श्लोक मिलते हैं। यह 70 श्लोकी गीता मेरे शिष्य स् वामी नित्यानंद जी को मिली। इसके लेखक मूल टीकाकार डॉक्टर देसाई नरहर गोपाल महाशय हैं। जिन्होंने बाली दीप से प्राप्त भगवदगीता नामक लेख लिखा और उसमें उन्हें यह पुस्तक किस प्रकार प्राप्त थी?- इस पर विस्तृत प्रकाश डाला। यहां पर मैं इतना ही कहना चाहूंगा कि सत्य- अनुसंधान प्रेमी सभी गीता भक्तों को वह पुस्तक अवश्य पढ़नी चाहिए और बिना किसी पूर्वाग्रह के वैज्ञानिक और तार्किक दृष्टिकोण अपनाते हुए उसको सर्वस्वीकृति प्रदान करनी चाहिए।

मैं बहुत दिन से यह सोचा करता था कि गीता पर काव्यमय ढंग से कुछ लिखा जाए। इससे पूर्व मैंने गीता के राष्ट्रवादी चिंतन को प्रस्तुत करते हुए अपनी एक पुस्तक शगीता का सांस्कृतिक राष्ट्रवादश लिखी थी। जिसमें मैंने श्रीमद्भगवद्गीता के प्रत्येक अध्याय के प्रत्येक श्लोक का दोहा रूप में अनुवाद किया था। परंतु उस समय मेरे द्वारा लिखे गए वे दोहे उस पुस्तक के प्रकाशित होने से पहले मुझसे कहीं गायब हो गए। इस प्रकार मेरा वह परिश्रम व्यर्थ गया।

उसके पश्चात मैं फिर यह सोचता रहा कि गीता पर उसके वैज्ञानिक और वैदिक दृष्टिकोण को स्पष्ट करने वाला काव्यात्मक ग्रंथ तैयार किया जाए। डॉ मोक्षराज जी द्वारा दी गई उपरोक्त पुस्तक के मिलने से मेरा विचार फिर अपने उस संकल्प को पूर्ण करने के लिए मुझे प्रेरित करने लगा। बस, उसी का परिणाम है- यह पुस्तक।

जिस समय महाभारत का युद्ध हुआ उस समय वैदिक संस्कृति का पतन हो रहा था। कई चीजें ऐसी थीं जो वेद विरुद्ध अपनाई जा रही थीं। सामाजिक परंपराएं टूट रही थीं। नवीन पुरातन को ध्वस्त कर रहा था। जिससे पुरातन के साथ-साथ सनातन भी विकृत होता जा रहा था। सनातन का यह विकृत स्वरूप ही कालांतर में पौराणिक परंपराओं के रूप में हमारे समक्ष आया।

इन पौराणिक परंपराओं ने हमारे सनातन को बहुत अधिक क्षतिग्रस्त किया है। निश्चित रूप से गीता पर भी इसका प्रतिकूल प्रभाव पड़ा है।

गीता का प्रसंग इतना लंबा नहीं हो सकता कि वह सुरसा की आंत की

भांति बढ़ता ही चला जाए। इसके लिए हमें तत्कालीन परिस्थितियों पर विचार करना चाहिए। जिस समय अर्जुन को मोह हुआ और उसने युद्ध में हथियार फेंक कर कह दिया कि 'केशव! मैं युद्ध नहीं करूंगा।' तब श्री कृष्ण जी ने उसे मोह से उबारने के लिए पूरा दिन नहीं लिया था। उन्होंने उसे बहुत कम समय में ही मोह से उबार लिया था। यह बात तब और भी अधिक विचारणीय को जाती है जब युद्ध क्षेत्र में शत्रु दल की ओर से दुर्योधन जैसा उतावला योद्धा खड़ा था, जो श्री कृष्ण जी और अर्जुन का पूरे दिन संवाद चलते रहने की प्रतीक्षा नहीं कर सकता था। ऐसे में यह निश्चित है कि श्री कृष्ण जी और अर्जुन का वह संवाद बहुत कम समय में ही पूर्ण हुआ होगा।

हमें श्री कृष्ण जी और अर्जुन के उस संवाद के विषय में यह भी ध्यान रखना चाहिए कि जितने ऊंचे स्तर का शिष्य होता है उससे भी ऊंचे स्तर का गुरु होता है। अर्जुन अपने आप में अल्प बुद्धि वाला शिष्य नहीं था। वह अत्यंत तीव्र बुद्धि का व्यक्ति था। जिसने युद्ध विद्या और दूसरे अन्य ग्रंथों में प्रवीणता प्राप्त की थी। इसी प्रकार उसके साथ खड़े श्री कृष्ण जी भी उससे अधिक प्रखर बुद्धि के महान गुरु थे। जिन्होंने उसके प्रश्नों का संक्षेप में बड़ी गंभीरता से उत्तर दिया होगा। इसके अतिरिक्त हमें यह भी ध्यान रखना चाहिए कि गीता वास्तव में महाभारत के मूल ग्रंथ 'जय' का एक अध्याय मात्र है। कालांतर में यह अध्याय वहां से निकल कर एक विशालकाय ग्रन्थ के रूप में हमारे समक्ष लाकर धीरे-धीरे रख दिया गया।जिसमें अवैज्ञानिक, अतार्किक और वेद विरुद्ध बातों को स्थान दे दिया गया।

हमें गीता को अपने सांस्कृतिक राष्ट्रवाद के संदर्भ में समझना चाहिए। वास्तव में भारत में जिस सांस्कृतिक राष्ट्रवाद की चर्चा होती रहती है उसको मजबूत बनाए रखने में गीता का बहुत बड़ा योगदान है। इतना ही नहीं अपने इस सांस्कृतिक राष्ट्रवाद को हमें अपने आजादी के उस आंदोलन से भी जोड़ कर देखना चाहिए जिसे हम क्रांतिकारी आंदोलन के नाम से जानते हैं। क्योंकि इस क्रांतिकारी आंदोलन को करने वाले हमारे अधिकांश क्रांतिकारी गीता के सांस्कृतिक राष्ट्रवाद के और उसके निष्काम भाव से राष्ट्र सेवा करने के मूल मंत्र से बहुत अधिक प्रभावित थे। हमारे सांस्कृतिक राष्ट्रवाद के भाव को प्रबल करने में गीता ने काम, क्रोध, मद, मोह, लोभ से दूर रहकर आत्मिक उत्थान की बात को सांस्कृतिक राष्ट्रवाद या राष्ट्रवाद के उत्थान के साथ इस प्रकार नत्थी किया है कि हम इन दोनों को अलग कर

ही नहीं सकते।

देह के असत् होने के कारण,तू क्यों इसका अभिमान करे,
कुछ ही दिनों का होता यौवन मूर्खजन जिस पर अभिमान करे।
ढलती फिरती छाया अर्जुन! यह देह भी धोखा देने वाली है,
ज्ञानी -ध्यानी विवेक पुरुष समय रहते भगवत ध्यान करें।।
जीवात्मा होती है अविनाशी और जन्म मरण से दूर सदा,
अचिंत्य स्वरूप होता है इसका-वेदों ने ऐसा बारंबार कहा।
अविनाशी का कभी नाश ना होता- उस पर क्यों तू शोक करे?
जितना भर शत्रु तेरे समक्ष खड़ा सचमुच में तो यह नहीं खड़ा।।

पश्चिमी जगत ने अपने आपको आधुनिक और सभ्य कहने की चाहे जितनी भी डींगें क्यों न मारी हों परंतु उसका चिंतन आज भी आधा -अधूरा है। क्योंकि पश्चिमी जगत के सभी विद्वानों में 'काम' को नियंत्रण से बाहर माना है, इसलिए सारा पश्चिमी जगत काम के आधीन होकर कार्य करने का अभ्यासी रहा है। पश्चिमी जगत के इस आधे अधूरे चिंतन के विपरीत भारत ने काम को अपने नियंत्रण में रखकर कार्य करने का कीर्तिमान स्थापित किया है। यह है भारत की महानता का प्रमाण। हमारे ऋषियों ने यह माना है कि देश, धर्म व संस्कृति की रक्षा के लिए काम को जीतना बहुत आवश्यक है। इसी प्रकार यदि सांसारिक,आत्मिक और आध्यात्मिक उन्नति करनी है तो भी काम को जीतना होगा। गीता भारतीय संस्कृति के इसी महान तत्व की समर्थक है और व्यक्ति को निष्काम योगी बनाने के लिए योग की उसी रीति को स्वीकार करती है जिसे अष्टांग योग की रीति कहा जाता है। इस बात को स्पष्ट करते हुए मैंने लिखा :-

सर्व- व्यापक जगदीश की शरण में ले आनंद।
शाश्वत सुख- शांति मिले, वही है करुणा -कंद।।
आंखों बीच लगाओ ध्यान को करके प्राणायाम।
ओ३म का जप करते रहो मिल जायेंगे भगवान।।

गीता मनुष्य को आधा अधूरा पुरूष बनाने की समर्थक नहीं है, बल्कि वह से पूर्ण पुरुष बना देने की समर्थक है। मनुष्य की पूर्णता देवत्व की साध ना है। देवत्व की साधना की पूर्णता मोक्ष में है। जहां चिरकाल तक आत्मा आवागमन से छूटकर आनंद की अनुभूति करता रहता है।

इस प्रकार गीता ने तो हमें फंसाती है और न ही फांसती है बल्कि वह फंसने से बचाकर हमें ऊंचाइयों की ओर ले जाती है। गीता हमारे भीतर की

निराशा को दूर करती है और उत्साह का संचार करती है। गीता पलायन वाद के विरुद्ध है और डटकर संघर्ष करने की प्रेरणा देती है। इसलिए गीता ने हर काल में भारत का और विश्व का मार्गदर्शन किया है।

गीता हर उस व्यक्ति को जीने और कुछ कर गुजरने की प्रेरणा देती है जो किसी भी कारण से अर्जुन की भांति जीवन के रण क्षेत्र में हथियार छोड़कर या फेंककर दूर बैठ गया है।

मैंने अपनी पुस्तक 'गीता का सांस्कृतिक राष्ट्रवाद' में लिखा है- 'गीता कहती है कि हे संसार के लोगों! तुम अपने आपको काम के आधीन न रखकर शस्त्रों के आधीन रखकर चलने के अभ्यासी बनो। शास्त्रों का सत्य ज्ञान तुम्हें भ्रमित नहीं होने देगा और तुम महान से महानतर बनते जाओगे। गीता का यह भी कहना है कि यदि शास्त्रों के अनुसार जीवन जीने का मार्ग नहीं अपनाया तो पूर्णत्व की प्राप्ति करना असम्भव हो जाएगा। तब मनुष्य सर्वोच्च आध्यात्मिकता की स्थिति को प्राप्त नहीं कर सकेगा। कामना की हरी-हरी घास को चुगना पशु प्रवृत्ति है। कामना को छोड़ परमपिता परमात्मा के नाम रस के अमृत को पीना मानव के उत्कर्ष की निशानी है। मनुष्य ईश्वर का अमृत पुत्र है, इसलिए उससे अपेक्षा की जाती है कि वह ऐसे कार्य करेगा जो उसके अनुकूल होंगे और उसकी गरिमा में वृद्धि करने वाले होंगे।

मनुष्य जंगलों में तो रहे पर जंगली बनकर (पशु) न रहे। जंगल में रहकर मंगल (आत्म कल्याण) की खोज करे और नाम रस के सोमरस को पीकर उसी में आनंदित रहे-इसी से मानवतावाद और संस्कृतिवाद को फैलाया जा सकता है। कामनाएं व्यक्ति को स्वच्छन्दी बनाती हैं उच्छ्रंखल और स्वेच्छाचारी बनाती हैं, जबकि शास्त्र उसे मर्यादित बनाते हैं और सबके लिए उपयोगी बनाते हैं। 'गीता' विश्व में स्वेच्छाचारिता और उच्छ्रंखला को फैलाने के विरूद्घ है। श्री कृष्णजी गीता का उपदेश अर्जुन को एक स्वेच्छाचारी और उच्छृंखल विचार धारा के विनाश के लिए ही तो दे रहे हैं। वह नहीं चाहते कि दुर्योधन की यह विचार धारा वैश्विक संस्कृति के रूप में मान्यता प्राप्त करे। इसके विपरीत वह शास्त्रोक्त नीति और मर्यादा को ही वैश्विक संस्कृति का आधार बनाने के पक्षधर हैं। जिससे कि विश्व का और मानवता का कल्याण हो सके। यही कारण है कि श्रीकृष्ण जी अर्जुन को कामनाओं के जंजाल से निकालकर शास्त्रों के भीतर प्रवेश कराते हैं। जिससे कि अर्जुन कामनाओं के झाड़ झंखाड़ों को उखाड़कर शास्त्रोक्त धर्म की स्थापना करके मानवता का भला करने वाला हो जाए।

आज के 'अर्जुन' को गीता के इसी भाव से प्रेरणा लेनी चाहिए। उसे समझना चाहिए कि :-

गीता ने अर्जुन को जगाया दिया अलौकिक अद्भुत ज्ञान,
जाग आज के 'अर्जुन' तू भी, क्यों सोता है चादर तान?
आज फिर से परीक्षा तेरी होगी,बोल रहा है हिंदुस्तान,
शत्रु दल फिर खड़ा सामने, भरा हुआ है सब मैदान।
युद्ध- भूमि में पीठ फेरना, नहीं रही तेरी पहचान,
वीरों सी हुँकार भरो, और ठोको शत्रु- छाती तान॥

मैंने इस पुस्तक का लेखक 11 अक्टूबर 2021 से आरंभ किया और 20 नवंबर 2021 को मेरी प्यारी बेटी श्वेता के जन्मदिवस पर यह पूर्ण हो गया। इतने कम समय में पुस्तक को लिखने के लिए परमपिता परमेश्वर की असीम अनुकंपा मेरे साथ बनी रही, तदर्थ मैं हृदय से उसका धन्यवाद ज्ञापित करता हूँ।

पुस्तक के प्रकाशन में डायमंड पॉकेट बुक्स के चेयरमैन माननीय नरेंद्र वर्मा जी का भी विशेष सहयोग रहा। जिन्होंने बहुत कम समय में इस पुस्तक को आपके हाथों में पहुंचाने में तत्परता दिखाई है। इसके अतिरिक्त अपने सभी प्रियजनों और परिजनों के शुभ आशीर्वाद व सहयोग का भी हृदय से ऋणी हूँ, जिन्होंने किसी न किसी प्रकार से मुझे इस पुस्तक को लिखने में अपना सहयोग,आशीर्वाद और प्रोत्साहन दिया है।

आशा व्यक्त करता हूं कि आपको मेरा यह प्रयास अवश्य ही सार्थक लगेगा और आपका शुभ आशीर्वाद मुझे पूर्व की भांति यथावत मिलता रहेगा।

भवदीय

डॉ राकेश कुमार आर्य
पत्राचार कार्यालय- 'उगता भारत' कार्यालय,
शॉप नंबर- 10ए कृष्णा प्लाजा मार्केट,
तहसील कंपाउंड दादरी, जनपद गौतमबुद्ध नगर
पिन कोड 203207
चलभाष - 9911169917

विषय सूची

हे ईश तुम हो...

हे ईश तुम हो सबकी बिगड़ी बनाने वाले।
विनती सुनो हमारी, सृष्टि रचाने वाले।।

तेरा ही होवे चिंतन तेरा ही हो भजन भी।
होवे मनन भी तेरा, तेरा ही हो यजन भी।।
चिंता न कोई होवे चिंता मिटाने वाले...
विनती सुनो हमारी, सृष्टि रचाने वाले...

संसार के निवासी दुःख और धोखा देते।
नहीं चौन पाने देते कष्टों का झोंका देते।।
मुक्ति ना होने देते जग में फंसाने वाले...
विनती सुनो हमारी, सृष्टि रचाने वाले...

चहुँओर झाड़ियां हैं पत्थर हैं भारी भारी।
कष्टकर सफर है- मंजिल भी दूर म्हारी।।
दिखला दो मुझको मंजिल रस्ता बताने वाले...
विनती सुनो हमारी, सृष्टि रचाने वाले...

मिलन होवे तुमसे- बस एक ही है इच्छा।
होवें तुम्हारे दर्शन मिल जाये मुझको भिच्छा।।
'राकेश' की है विनती जग के चलाने वाले...
विनती सुनो हमारी, सृष्टि रचाने वाले...

❖

कृष्ण जी के विषय में

रक्षा हेतु वैदिक मूल्यों की कृष्ण यहां पर आए थे,
दानव दल के दमन के हेतु चक्र सुदर्शन लाए थे।

खुली घोषणा उनकी थी मैं मानव का हितचिंतक हूँ
संसार के उत्पाती जन का मैं आलोचक निंदक हूँ।।
सत्य सनातन वेद- धर्म का मैं प्रचारक रक्षक हूँ,
निरादर करता जो भी इनका मैं उनका सदा भक्षक हूँ।।
वेद धर्म के उद्धारक थे, ना नया पंथ चलाए थे...
दानव दल के दमन के हेतु चक्र सुदर्शन लाए थे...

कोई मत, पंथ या संप्रदाय वेद- धर्म से उच्च नहीं,
जो कोई ऐसा कहता है उस जन से और कोई नीच नहीं।
मेरे वेद की मर्यादा से और कहीं कुछ ठीक नहीं,
करो वेद प्रचार जगत में इससे बढ़िया सीख नहीं।।
वेद सार समझाया जगत को ज्ञान अनुपम लाए थे...
दानव दल के दमन के हेतु चक्र सुदर्शन लाए थे...

कालयवन और जरासंध से दुष्टों का संहार किया,
कंस को भी यमलोक में भेजा जिसने अत्याचार किया।
संसार ऋणी है उस योगी का गीता का उपदेश दिया,
कर्मशीलता, कर्म योग, निष्काम- भाव सन्देश दिया।।
सम्मान किया सदा नारी का अनुपम भाव जगाए थे...
दानव दल के दमन के हेतु चक्र सुदर्शन लाए थे...

कर्मठता का पाठ पढ़ाया- पथ से भटके मानव को,
नई दिशा और सोच नई दी अंतर के बिगड़े दानव को।
दानवपन से दूर रहें सब- दी नयी ऊर्जा जन- मन को,
संसार ऋणी है इस योगी का दूर करे कायरपन को।।
'राकेश' चेतना नई देने को- योगी भू पर आए थे...
दानव दल के दमन के हेतु चक्र सुदर्शन लाए थे...

❖

गीता का दिव्य धर्म

कर्तव्य कर्म की भव्यता- देती सदा आनन्द।
'दिव्य धर्म' इससे बड़ा देता परमानन्द।।

कर्तव्य कर्म को जानकर जो जन करते काम।
जग उनका वन्दन करे, जन करते गुणगान।।

'दिव्य धर्म' हमसे कहे- जानो प्रभु की तान।
संग उसी के तान दो निज कर्मों की तान।।

जन्म बीता जा रहा ना समझे धर्म का मूल।
कर्तव्य कर्म भी ना करें दिव्य धर्म है दूर।।

शदिव्य धर्मश करने लगे जब मनवा हितकर होय।
अनुकूल सदबुद्धि रहे, जब प्रभु कृपा होय।।

हमको गीता दे रही, एक यही उपदेश।
करो दिव्य कर्म की साधना, सुधरेगा परिवेश।।

दैविक शक्ति से चल रहा यह सारा संसार।
आ उसके संपर्क में बना लो निज सहकार।।

जो जन उसकी मानते कर्म करें अनुकूल।
धर्म उन्हीं को धारता बरसें उन पर फूल।।

गीता हमसे कह रही, है मानव का यही धर्म।
सुमिरन करो निज इष्ट का, त्यागो सब दुष्कर्म।।

जब तक तन में प्राण हैं, इन्द्रियाँ दे रहीं साथ।
यजन- भजन करते रहो, रख हृदय को निष्पाप।।

❖

गीता संदेश

टेक : *गीता का सन्देश यही बस कर्म तुम्हारे वश में है।*
कर्म ही करते जाना बन्दे तेरी भलाई इसमें है।।

घर घर बैठे हैं अर्जुन,हथियार फेंक दिए जीवन के।
घोर निराशा मन में छाई, भाग रहे कायर बन के।।
रसना और वासना हावी,है त्राहिमाम मची जग में।
शत्रु सेना सजी खड़ी है, अर्जुन नहीं खड़ा रण में।।
मोह में अंधे हुए घूमते,संतुष्ट नहीं कोई रस में है...
कर्म ही करते जाना बन्दे तेरी भलाई इसमें है...

माया, मोह, ममता के कारण नीरस सब सम्बन्ध हुए।
आग लगी हर घर के भीतर 'भीष्म' के मुंह बन्द हुए।।
उन्मादी दुर्योधन जीवित, युद्धिष्ठिर यहाँ पाबन्द हुए।
द्रोण, महात्मा विदुर सभी जन अपमानित से खड़े हुए।।
'धृतराष्ट्र' अभी मरा नहीं है और 'दुःशासन' के वश में है...
कर्म ही करते जाना बन्दे तेरी भलाई इसमें है...

मोह में अंधे हो गए सारे आज भारत के सब नेता हैं।
'प्रथम' नहीं रहा देश हर कोई झूठे भाषण देता है।।
बिगड़ गया संगीत, गीत भी अब सब नीरस लगता है।
भंग व्यवस्था हो गई सारी घुप्प अंधेरा लगता है।।
मर्यादाएं टूट रही हैं, हर कोई खड़ा अब रण में है...
कर्म ही करते जाना बन्दे तेरी भलाई इसमें है...

महाभारत के साज सजा कर एक बार तो देख लिया।
शिक्षा ग्रहण नहीं की हमने परिणाम भी उल्टा देख लिया।।
गीता का सन्देश सुना, पर कभी नहीं स्वीकार किया।
परिणाम सदा वैसा होता है, जैसा हमने कर्म किया।।
'राकेश' देश की चिन्ता कर ले शत्रु फिर से रण में है...
कर्म ही करते जाना बन्दे तेरी भलाई इसमें है...

❖

गीता और संयम

तर्ज : *फूल तुम्हें भेजा है खत में...*

ध्यान लगाकर सुन ले अर्जुन! बात मेरी बड़ी गहरी है।
हितचिन्तक जो धर्म का होता- वही देश का प्रहरी है।।

तुझको अपने धर्म पर चलना नहीं किसी पल डिगना है।
जो मर्यादा खींची वेद ने, अटल उसी पर रहना है।।
बात मान ले वेद की अर्जुन! हर ऋचा जो कहरी है...
ध्यान लगाकर सुन ले अर्जुन! बात मेरी बड़ी गहरी है...

त्याग तपस्वी जन स्वयं को वेद मार्ग पर हैं लाते।
जो भी जग के संयमी जन हैं, वे ही योगी कहलाते।
मर्म धर्म का जानते वे हैं,उनकी ईश भक्ति बड़ी गहरी हैं...
ध्यान लगाकर सुन ले अर्जुन! बात मेरी बड़ी गहरी है...

जब सोते हैं संसारी जन योगी जन तब जागते हैं।
योगी जन जब सोते हैं तो संसारी जन जागते हैं।।
कृष्ण जी संदेश सुना रहे गीता जिसको कहती है...
ध्यान लगाकर सुन ले अर्जुन! बात मेरी बड़ी गहरी है...

मीरा के अनुभव में जब वह लोक अलौकिक आने लगा।
जग जगता था- मीरा सोती, सोता जग उसे भाने लगा।।
सोते जग के पहरे में ही उसकी भक्ति चढ़ती है...
ध्यान लगाकर सुन ले अर्जुन! बात मेरी बड़ी गहरी है...

सदा भौतिकवादी जन जगत में ईश्वर के प्रति सोता।
अध्यात्मवादी जन इस जग में संसार के प्रति है सोता।।
जीवात्मा देह में रहता हर परत इसकी गहरी है...
ध्यान लगाकर सुन ले अर्जुन! बात मेरी बड़ी गहरी है...

बात पते की बतलाता हूँ, पांच कोश होते तन में।
आत्मा इनमें रमे नहीं, और दूर रहे हर क्षण में।।
यही अवस्था उत्तम होती मेरी आत्मा कहरी है...
ध्यान लगाकर सुन ले अर्जुन! बात मेरी बड़ी गहरी है...

❖

यज्ञ के लाभ और गीता

तर्ज : *हम वफा करके भी तन्हा रह गए...*

यज्ञ से आनन्द मिलता यह ऋषिवर कह गए।
यज्ञ से भगवान मिलता यह मुनिवर कह गए।।

यज्ञ से कल्याण पाता हर जीव जो जन्मा यहाँ।
जिसने पकड़ा यज्ञ को वही तर गए...
यज्ञ से आनन्द मिलता यह ऋषिवर कह गए...

श्रद्धा पैदा कीजिए और यज्ञ पर बैठो सदा।
है कर्म सबसे श्रेष्ठ ज्ञानी कह गए...
यज्ञ से आनन्द मिलता यह ऋषिवर कह गए...

जिसने भुलाया यज्ञ को और नींद में सोते रहे।
पार करने से वो नदिया रह गए...
यज्ञ से आनन्द मिलता यह ऋषिवर कह गए...

यज्ञ से बाकी बचे जो उसमें ही आनंद लो।
भक्ति में ऐसा हमसे माधव कह गए...
यज्ञ से आनन्द मिलता यह ऋषिवर कह गए...

❖

किस पर तू व्यर्थ गुमान करे?

टेक : *जीवन पाकर क्यों इतराता, किस पर तू व्यर्थ गुमान करे?*

यहाँ आना सही, फिर जाना सही
यहाँ हंसना सही और गाना सही
यदि प्रेम किया ना ईश्वर से
फिर किस पर तू अभिमान करे?
जीवन पाकर क्यों इतराता, किस पर तू व्यर्थ गुमान करे?।।1।।

जो कुछ भी मिला तुझे रब से मिला
संसार से छोड़ तू सारे गिला
ईश्वर तेरे भाव समझता है
संसार से क्यों तू बखान करे।
जीवन पाकर क्यों इतराता, किस पर तू व्यर्थ गुमान करे?।।2।।

कर निष्काम कर्म, यही तेरा धर्म
गीता से मिटते मन के भरम
वैदिक आदर्श को अपना ले
कृपा तुझ पर भगवान करे।
जीवन पाकर क्यों इतराता, किस पर तू व्यर्थ गुमान करे?।।3।।

है जीवन थोड़ा और काम बड़ा
चौराहे पर क्यों तू व्यर्थ खड़ा
प्रभु अपने से निज मन को लगा
फिर देखना जग सम्मान करे।
जीवन पाकर क्यों इतराता, किस पर तू व्यर्थ गुमान करे?।।4।।

निष्काम कर्म करके चलना...

तर्ज : *होठों से छू लूँ तो...*

योगी श्री कृष्ण ने हमें मार्ग बताया है।
निष्काम कर्म करके चलना सिखलाया है।।

यदि जीवन के मार्ग में अवरोध कहीं आए।
ना निराश कभी होना चाहे मुश्किल जो आए।।
समभाव बरतना है, उपदेश बताया है...
योगी श्री कृष्ण ने हमें मार्ग बताया है...

जीवन है दो दिन का मत व्यर्थ इसे खोना।
हँस- हँस के चलना है, कहीं व्यर्थ नहीं रोना।।
प्रचण्ड रखो ज्योति, हृदय में जलाया है...
योगी श्री कृष्ण ने हमें मार्ग बताया है...

संसार-समर में तुम, एक योद्धा बन रहना।
संघर्ष करो जमके, मत शिकवों को कहना।।
दृष्टि लक्ष्य पर हो, जहाँ ध्यान लगाया है...
योगी श्री कृष्ण ने हमें मार्ग बताया है...

यहाँ कोई नहीं अपना, एक धर्म ही साथी है।
मंजिल है दूर अपनी और सफर भी बाकी है।।
'राकेश' गीत गा ले, हृदय से बनाया है...
योगी श्री कृष्ण ने हमें मार्ग बताया है...

❖

अर्जुन! हथियार उठा ले...

तर्ज : *देहाती*

श्री कृष्ण ने अर्जुन को उपदेश दिया था भारी।
कहा, अर्जुन! हथियार उठा ले, कर रण की तैयारी।। टेक।।

प्रवृत्ति से दूर हटा और निवृत्ति को अपना ले।
जन्म-मरण के चक्कर से तू अपना आप बचा ले।।
मत गोरखधंधा कर प्यारे, योग का बन जा व्यापारी...
श्री कृष्ण ने अर्जुन को उपदेश दिया था भारी...

जब तक जग में रमे रहेंगे, मोक्ष नहीं हो पाएगा।
मोक्ष मिलेगा तभी हमें जब मन निर्मल हो जाएगा।।
कर्म पवित्र बनाने पड़ते, नहीं तो होती है ख्वारी...
श्री कृष्ण ने अर्जुन को उपदेश दिया था भारी...

निष्काम कर्म ही जीवन को धर्म -अनुकूल बनाता है।
इसी से उन्नति होती जग में, संशय -शूल मिटाता है।।
भक्ति करो भगवान की अर्जुन! मिट जाए चिंता सारी...
श्री कृष्ण ने अर्जुन को उपदेश दिया था भारी...

जितने पापी-अत्याचारी, कुरु-क्षेत्र में खड़े हुए।
मिटा डालना इन्हें धर्म है, उस पर ही यह अड़े हुए।।
'गांडीव' फेंकना उचित नहीं है, 'राकेश' हँसे दुनिया सारी,
श्री कृष्ण ने अर्जुन को उपदेश दिया था भारी...

❖

जीवन बनेगा आला...

योगीराज कृष्ण प्यारे, संसार में निराले।
थे धर्म के उद्धारक, वेदों की बंसी वाले।। टेक।।

था कंस को मिटाया, शिशुपाल को भी मारा।
जरासंध को मिटाया, ना संकटों से हारा।।
गाता था गीत हर पल संगीत वेद वाले...
योगीराज कृष्ण प्यारे, संसार में निराले...

भटके हुए जगत को रास्ता सही बताया।
निज देश को जगत का सिरमौर भी बनाया।।
तप त्याग साधना की रीति बताने वाले...
योगीराज कृष्ण प्यारे, संसार में निराले...

कुरुक्षेत्र में खड़ा हो, दिया ज्ञान था निराला।
कर्म योग में ढलो सब जीवन बनेगा आला।।
हमें योग को बताया, अद्‌भुत थे योग वाले...
योगीराज कृष्ण प्यारे, संसार में निराले...

जब तक रहेगी सृष्टि, तू आलोक वत रहेगा।
वंदन करेगी दुनिया, भगवान जग कहेगा।।
तुझको नमन हमारा 'राकेश' गीत गा ले...
योगीराज कृष्ण प्यारे, संसार में निराले...

❖

ज्ञान की अग्नि जले तो...

ज्ञान की अग्नि जले तो भस्म करती पाप को।
कर्म बन्धन भस्म होता दूर करती है ताप को।।टेक।।

ज्ञान के सदृश धरा पर ना पवित्र कोई वस्तु है।
कर्म योग को सिद्ध करती अनमोल प्यारी वस्तु है।।
हृदय में तू ज्ञान उपजा और जीत ले संसार को...
ज्ञान की अग्नि जले तो भस्म करती पाप को...

सब कर्म जाकर नष्ट होते ज्ञान की अग्नि में ही।
श्कर्मश का उद्देश्य पाना श्ज्ञानश को जीवन में ही।।
गुरु सेवा से शीघ्र मिलता मिटा ले अपने आपको...
ज्ञान की अग्नि जले तो भस्म करती पाप को...

जैसे दर्पण साफ होकर उठता दमक बड़े चाव से।
वैसे ही मल दूर करके मानव दमकता ज्ञान से।।
जितेंद्रियता को प्राप्त कर ले और अमृत ज्ञान को...
ज्ञान की अग्नि जले तो भस्म करती पाप को...

अज्ञान का संशय मिटा दे, ज्ञान की तलवार ले।
जुट जा 'अर्जुन' योग में और निकल मोह जाल से।।
ज्ञान का आनंद ले, क्यों छानता है खाक को...
ज्ञान की अग्नि जले तो भस्म करती पाप को...

❖

भेद-दृष्टि मिटा मन से...

तर्ज : *बचपन की मोहब्बत को...*

हर प्राणी का स्वामी वही ईश्वर कहलाता।
सम- दृष्टि रखो सबमें, है वेद यही गाता।।टेक।।

आंधी और तूफाँ में किश्ती ना भटक जाए।
नजरों से कभी ओझल भगवान ना हो पाए।।
कण कण में वही प्यारा, है दिखलायी आता...
हर प्राणी का स्वामी वही ईश्वर कहलाता...

जितने भर भी प्राणी, एक नूर से सब चमकें।
समदर्शी जो होता, सब में उसको देखें।।
उसे अपना बना कर के फिर छोड़ नहीं पाता...
हर प्राणी का स्वामी वही ईश्वर कहलाता...

अपने जैसा सबको जो मान चले जग में।
वही योगी श्रेष्ठ होता पाता सम्मान जगत में।।
हो शोक-हर्ष से दूर, आनंद वही पाता...
हर प्राणी का स्वामी वही ईश्वर कहलाता...

भेद-दृष्टि मिटा मन से, सम- दृष्टि को ले आ।
मन के सब मनकों को एक माला में ले आ।।
'राकेश' मिटा संशय, मस्ती में गीत गाता...
हर प्राणी का स्वामी वही ईश्वर कहलाता...

❖

...तीनों योग गीता ने कहे

तर्ज : *दिल के अरमां आंसुओं में बह गए...*

जीत लीं यदि इंद्रियां तो भगवान भी मिल जाएगा।
हो गया अधिकार मन पर तो लक्ष्य भी मिल जाएगा।। टेक।।

जो मुनि यहां मोक्ष हेतु हो गया कटिबद्ध है।
जिसने सर्वाधार से निज जोड़ लिया संबंध है।।
बंधन उसके कट गए और मोक्ष भी मिल जाएगा...
जीत लीं यदि इंद्रियां तो भगवान भी मिल जाएगा...

कर्म, भक्ति, ज्ञान- तीनों योग गीता ने कहे।
शान्तिमय होता है जीवन जो भक्त शिक्षा को गहे।।
भगवान तेरे साथ है तो आसरा मिल जाएगा...
जीत लीं यदि इंद्रियां तो भगवान भी मिल जाएगा...

श्रद्धा से भजता मुझे जो मैं भी उसके साथ हूँ।
अर्जुन तू भी जान मुझको मैं तो तेरे साथ हूँ।।
यदि देखने भीतर लगा तो ताला भी खुल जाएगा...
जीत लीं यदि इंद्रियां तो भगवान भी मिल जाएगा...

जड़ के सम माया है सारी, जीव चेतन रूप हैं।
ठीक से सब भेद समझो, कह रहा विश्व -रूप है।।
'राकेश' जाना भेद तूने तो श्वहश मिल जाएगा...
जीत लीं यदि इंद्रियां तो भगवान भी मिल जाएगा...

❖

जो सच्चे योगी होते हैं

तर्ज : *बाबुल की दुआएं लेती जा...*

जो सच्चे योगी होते हैं- वह पीर पराई हरते हैं।
जो भी दुखिया उन्हें मिलता है उसकी भलाई करते हैं।।

जो दुखिया के दुःख में हो दुःखी
दुःख हरने की युक्ति सोचे।
कोई दुखिया रहे ना इस जग में
हर प्राणी की मुक्ति खोजे।।
जो ऊंची सोच सदा रक्खे ना कभी बुराई करते हैं।
जो सच्चे योगी होते हैं- वह पीर पराई हरते हैं...

भगवान उन्हीं को चाहते हैं,
जो हर प्राणी को चाहते हैं।
जो मानव तन को पाकर के
खुशियों के फूल बिछाते हैं।।
जो सब के संग में नेह करें और सबकी भलाई करते हैं...
जो सच्चे योगी होते हैं- वह पीर पराई हरते हैं...

धर्मराज के हित अर्जुन!
गांडीव संभाल चलो रण में।
उपकार करो मानवता पर
योगी सम युद्ध करो रण में।।
मत कायरता का दाग लगा भले लोग बुराई करते हैं...
जो सच्चे योगी होते हैं- वह पीर पराई हरते हैं...

जिनको तू अपना कहता है,
वह अपने तेरे हो न सके।
वे युद्ध की इच्छा से आए
मैदान में तेरे हो न सके।।
'राकेश' तू कर, युद्ध सखा- सब तेरी बड़ाई करते हैं...
जो सच्चे योगी होते हैं- वह पीर पराई हरते हैं...

❖

जो गफलत में जीवन बिताते रहे

तर्ज : *तुम अगर साथ देने का वादा करो...*

अज्ञान-अविद्या में भटके हुए
जो गफलत में जीवन बिताते रहे।
जानकर भी ना भज सके ईश को
निंदा चुगली की बातें बनाते रहे।। टेक।।

वेद आदि ग्रंथों की मानी नहीं
मनमानी ही बातें बनाते रहे।
राक्षस की वृत्ति को धारण किया
दिव्य-भावों से दूरी बनाते रहे।।
गंदे-गीतों को भावों में लाते रहे पत्थर को यूं ही नहलाते रहे...
अज्ञान-अविद्या में भटके हुए जो गफलत में...

सब जगह सब में देखा नहीं ईश को
गफलत की आंधी चली इस तरह।
नित्य गिरता गया और घिरता गया
समझा नहीं जा रहा किस तरफ?
जिंदगी की डगर, है बड़ी संकरी, पौध झाड़ी की इसमें लगाते रहे...
अज्ञान-अविद्या में भटके हुए जो गफलत में...

जो ईश्वर की आज्ञा के उल्टा चले
और आकर जगत में ना सुमिरण करे।
नष्ट करता वह अपने जगदीश को
जगदीश्वर भी उसका समापन करे।।

विषय भोगों से बचकर जो भी चले योगी वही जन कहाते रहे...
अज्ञान-अविद्या में भटके हुए जो गफलत में...

मीठा संगीत सुनने से वंचित रहा,
और भोजन भी स्वादु कराया नहीं।
अमृत सागर में बैठा रहा आत्मा,
कभी वेदों का अमृत पिलाया नहीं।।
'राकेश' यूँ ही चलता रहा, साथ में जीवन को पापी बनाते रहे...
अज्ञान-अविद्या में भटके हुए जो गफलत में...

❖

शिथिल करो बंधन

तर्ज : *बचपन की मोहब्बत को...*

माया में रमा मानव ना भगवान से मिल पाता।
सत, रज, तम तीनों के महा-भ्रम में पड़ जाता।। टेक।।

सत, रज, तम – तीनों से माया ने रचा जीवन।
इन से ही जगत बना भोगों का पड़ा बंधन।।
जो इन में भटक गया, रब से नहीं मिल पाता...
माया में रमा मानव ना भगवान से मिल पाता...

पहचान नहीं पाता जब मानव ईश्वर को।
तब शिथिल करो बंधन देखो जगदीश्वर को।।
वह सब में व्यापक है, पर नजर नहीं आता...
माया में रमा मानव ना भगवान से मिल पाता...

ना पार कोई पाया, इस माया ठगिनी का।
आ शरण प्रभु की तू और नाश हो बंधन का।।
कल्याण मिले निश्चय, भवबन्धन कट जाता...
माया में रमा मानव ना भगवान से मिल पाता...

मिल पाता ज्ञानी ही और भक्ति भी करता।
'राकेश' प्रभु चाहते, कृपा का वरण करता।।
'सब कुछ ईश्वर का है'– हृदय में यही आता...
माया में रमा मानव ना भगवान से मिल पाता...

❖

जग में आकर वह कर न सका...

जो कुछ करने मैं आया था,
जग में आकर वह कर न सका।
मन रमा दिया था उलझन में
चाह करके भी सुलझा न सका।।

जो कुछ मैंने करना चाहा
दुनिया ने उधर से रोक दिया।
मोह के आकर्षण ने मुझको
जलती भट्टी में झोंक दिया।।
मैंने चाहा मैं निकल भगूँ पर मनचाहा कुछ कर न सका...
जो कुछ करने मैं आया था, जग में आकर वह कर न सका...

मैंने यज्ञ हवन करने के सपने,
रचे- बुने पर बिखर गये।
शिव- संकल्प लिए जितने,
न जाने सारे किधर गए।।
जितने सपने संकल्प लिए उन्हें धरती पर न चला सका...
जो कुछ करने मैं आया था,जग में आकर वह कर न सका...

सांसों की खेती में चाहा
मैं खाद ऋचाओं का डालूं।
माला बन जाए स्वांसों की और
मधुरस ओ३म का चखता रहूं।।
विषयों की फीकी कपास मिली

जिससे खुद को मैं हटा न सका...
जो कुछ करने मैं आया था,जग में आकर वह कर न सका...

'मधु'-'मेह' को अनुभव कर न सका
'मधुमेह' का रोगी फिर भी बना।
जिसकी चाहत पाली जग में,
वह नहीं मिला- बदनाम हुआ।।
'राकेश' नहीं समझ कुछ आता
जिससे चाह करके भी मिल ना सका...
जो कुछ करने मैं आया था, जग में आकर वह कर न सका...

❖

सुगन्ध बन धरती में रहता

सारे जग का एक पिता है नाम ओ३म उसका प्यारा।
जो भी उसको भजता अर्जुन! होता उसका निस्तारा।। टेक।।

जितने भर भी प्राणी जग के सबमें उसकी ज्योति है।
जो भी उसको भजता जग में नहीं फजीहत होती है।।
बड़े- बड़े सम्राटों ने भी ओ३म नाम ही गाया...
सारे जग का एक पिता है नाम ओ३म उसका प्यारा...

वह पानी में रस बनकर रहता, जीवन का संचार करे।
जीवन रस बन हर प्राणी के जीवन का उद्धार करे।।
जो भी उसकी शरण में आता वही चमकता बन तारा...
सारे जग का एक पिता है नाम ओ३म उसका प्यारा...

सुगंध बन धरती में रहता, वह जीवन में संगीत भरे।
सोंधी- सोंधी खुशबू से कण-कण को मदमस्त करे।।
ओ३म नाम की मीठी खुशबू से कण कण महके सारा...
सारे जग का एक पिता है नाम ओ३म उसका प्यारा...

वह अग्नि में है तेज रूप में, भूतों में 'जीवन' होता।
वह तप तपस्वियों का कहलाता ज्ञान में लगते हैं गोता।।
'राकेश' सब जगह विद्यमान वही है फिर भी है सबसे न्यारा...
सारे जग का एक पिता है नाम ओ३म उसका प्यारा...

❖

बड़े-बड़े सम्राट गए...

तर्ज : *देहाती*

बड़े-बड़े सम्राट गए और खत्म हुईं राजधानी।
ना मिलते पदचिन्ह आज ना ढूंढे मिले कहानी।। टेक।।

सतयुग के सत्यवादी हरिश्चंद्र त्रेता के नहीं राम रहे।
द्वापर के गये धर्मराज और ना उसके घनश्याम रहे।।
मांधाता से महिपति भी लेकर ना कुछ खास गए।
'भूसुर' से जो सम्मानित थे वह भी अपने धाम गए।।
बड़े-बड़े सम्राट चले गए करके खत्म कहानी...
बड़े-बड़े सम्राट गए और खत्म हुईं राजधानी...

ज्ञानी महात्मा चले गए जो तपसी हो सम्मानित थे।
'विदेह' गए न जाने कितने भूषण से जो भूषित थे।।
इच्छा मृत्यु वाले भीष्म भी तो हमारा गौरव थे।
काल अनाड़ी खा गया उनको काल पर जो बैठे थे।।
मनु जैसे धर्मज्ञ रहे ना, पतंजलि से ज्ञानी...
बड़े-बड़े सम्राट गए और खत्म हुई राजधानी...

जिनकी हुकूमत चलती थी, धरती के चारों छोरों में।
जिनके कारण हलचल मचती महलों और चौबारों में।।
रावण जैसों का मिलता उल्लेख आज व्याख्यानों में।
गया सिकंदर कहां पता नहीं मिलता नहीं बाजारों में।।
मिलता नहीं 'दुर्योधन' भी और मिलती ना अभिमानी...
बड़े-बड़े सम्राट गए और खत्म हुई राजधानी...

कवि रहे नहीं ज्ञानी-ध्यानी इतिहासकार भी लुप्त हुए।
सुश्रुत जैसे वैद्य रहे ना और संत-महात्मा कहां गए?
कभी धरती को जो नापा करते वे नापण वाले कहां गए?
जिनको खाता काल अंत में वह काल पता नहीं कहां रहे?
'राकेश' संभल जा सही समय पर दिखला मत नादानी...
बड़े-बड़े सम्राट गए और खत्म हुई राजधानी...

❖

गाओ गीत गीता के...

तर्ज : *बहारो फूल बरसाओ...*

गाओ गीत गीता के, हमें जीना सिखाती है।
योगी राज कृष्ण की हमारे पास थाती है।। टेक।।

बनाती है ये 'बिस्मिल' को बनाती है 'भगत सिंह' को,
ये 'सावरकर' बनाती है और बनाती है ये 'वल्लभ' को।
बनाती क्रांतिकारी है, कहानी याद आती है...
गाओ गीत गीता के, हमें जीना सिखाती है...

जो मैदानों से भगते हों उन्हें यह रोकती रण में,
हिंसक और पापाचारी को गीता मारती रण में।
जो भी आततायी हैं उनका नाश कराती है...
गाओ गीत गीता के, हमें जीना सिखाती है...

भक्ति और शक्ति का बनाकर मेल चलती है,
माला और भाला का बनाकर खेल चलती है।
'अर्जुन' जब भी थकता है, उसे संदेश सुनाती है,...
गाओ गीत गीता के, हमें जीना सिखाती है...

देश की रक्षा हित जीना और देश के हित मरना,
हथियार पकड़ लो हाथों में मत दूर कहीं भगना।
'राकेश' मीरा भी और श्दुर्गाश बनाती है...
गाओ गीत गीता के, हमें जीना सिखाती है...

❖

मोहग्रस्त अर्जुन

कुरुक्षेत्र के धर्मक्षेत्र में थीं सेनाएं सजकर खड़ी हुईं,
अपने पक्ष को प्रबल बता विजय हेतु थी अड़ी हुईं।
महासागर सेना का उमड़ा, थी सर्वत्र चमकती तलवारें,
हर योद्धा उनको भांज रहा, थी अपने आपसे भिड़ी हुईं।।

अर्जुन ने अब से पहले भी न जाने कितने थे युद्ध लड़े,
महाबलियों को दिया प्राण दण्ड, जो सम्मुख आ हुए खड़े।
किया नहीं संकोच कभी भी उनके प्राणों के हरने में,
आज हुए सम्मुख स्वजन खड़े तो पग अर्जुन के ठिठके।।

जैसे एक न्यायाधीश प्राण दण्ड देता रहता है जीवन भर,
नहीं संकोच उसे कुछ भी होता दण्ड सुनाते अपराधी पर।
जब अपराधी रूप में उसके सम्मुख निज पुत्र लाया जाता,
तब अपना पक्ष बदल देता है, प्राण दण्ड को बुरा बताकर।।

उस न्यायाधीश सम सोच से ग्रसित था अर्जुन को मोह हुआ,
अपनों को सम्मुख खड़ा देख अर्जुन भी था कुछ सोच रहा।
वह युद्ध से विमुख हो हथियार फेंक कर कृष्ण जी से बोला-
'मैं युद्ध नहीं कर सकता केशव'! मुझे युद्ध से क्षोभ हुआ।।

दु:ख मेरे की नहीं है सीमा, स्वजनों को यहां एकत्र देख,
किस कारण ये यहां पर आए, बताओ! कौन सा कर्म लेख?
नहीं कल्याण मेरा हो सकता कभी स्वजनों का वध करने से,
मैं विजय, राज्य और सुख को भी अपने से रहा हूँ दूर फेंक।।

❖

अर्जुन हुआ भावुक

भावुक अर्जुन बोला, केशव! मेरे मन की व्यथा सुनो,
मैं बाण नहीं मारूं अपनों को चाहे मुझको जो दण्ड चुनो।
अपने-अपने ही सदा होते- उनसे उचित नहीं वैर कभी,
जो अपनों से वैर निभाता है उसको पापी जन ही जानो।।

अपनों के लिए हथियार उठाना- यह कैसा है न्याय हुआ?
यदि जग में कहीं हुआ है ऐसा तो समझो वहां अन्याय हुआ।
सच्चा मानव वही होता है- जो अपनों से प्रीत निभाता हो,
जो प्रीत की रीत के विपरीत चले उसे कब किसने मनुजअ कहा?

प्रतिशोध का भाव जहां पर हो, वहां आत्मबोध नहीं मिलता,
प्रतिशोध तुच्छ हृदय में उपजे- क्रोध का शूल सदा चुभता।
प्रतिशोध बंद कर देता झरना -आनंदमय अमृतसम जल का,
प्रतिशोध विवेक का हनन करे और है विकार मानव मन का।।

जो मानव प्रतिशोध में रमण करे उसे मानव नहीं दानव समझो,
जो जीता हो तपस्वी सम जीवन उसको ही सच्चा मानव समझो।
मैं प्रतिशोध के लिए नहीं जन्मा, केशव! मुझ पर तुम दया करो,
मुझे युद्ध से दूर हटा दो, माधव! और शिष्य सदा अपना समझो।।

अपनों के विरुद्ध ना युद्ध करूँ, ना हथियार कभी उठा सकता,
कभी अपनों को केशव! युद्धक्षेत्र में ना अर्जुन मार गिरा सकता।।
यदि कौरव पक्ष मुझे मार भी दे तो भी हथियार नहीं उठा सकता,
मेरा कल्याण है इसी में संभव, मैं इसका बुरा नहीं मना सकता।।

जब तक है प्राण तन में- केशव! नहीं वैर- विरोध मुझे छू सकते,
ना इनका दास मैं बन सकता और ना यह मेरे स्वामी हो सकते।
मैं दुर्योधन को अपना मानूँ, माधव! मेरा धर्म मुझे यह सिखलाता,
मुझे युद्ध क्षेत्र से ले चलो दूर तुम, मेरे भाव ना हिंसक हो सकते।।

❖

श्री कृष्ण जी की पहली चोट

अर्जुन की बचकानी बातें सुनकर माधव मंद- मंद मुस्काए,
किया घोर आश्चर्य व्यक्त तब वे अर्जुन के और निकट आए।
एक वीर क्षत्रिय के वचनों को सुन, कृष्ण बड़े ही दुःखी हुए,
तब युद्ध से विमुख हुए अर्जुन को कुछ गहरे रहस्य बताए।।

बोले- अर्जुन! तू जन्म- कर्म से कभी नहीं रहा है कायर,
युद्धाभिलाषी बन तूने युद्ध किए, युद्धार्थ रहा सदा तत्पर।
तूने कितने ही दानव मार दिए ना युद्ध से पीठ दिखाई कभी,
जिस- जिसने तेरे बल को ललकारा- वही नहीं रहा भू पर।।

शस्त्र- शास्त्र का उचित समन्वय- तेरे जीवन का संयम है,
तेरी वीरता को लेकर अर्जुन! मैं जितना बोलूं, उतना कम है।
हे पार्थ! तू अब से पहले जैसा था वैसा ही बनना अब होगा,
यह धर्मक्षेत्र है कुरुक्षेत्र- यहाँ तू धर्मरक्षक और रणनायक है।।

मत कायरों जैसी बात बना अब रणभेरी बजा और युद्ध मचा,
जब शत्रु सामने ललकारे, बता! तेरे पास क्या विकल्प बचा?
पलायनवादी मत बन अर्जुन! तेरी कीर्ति को यह सब नष्ट करे,
शत्रु संतापक है बंधु! ना तुझे अपने सही रूप का ध्यान रहा।।

क्षुद्र दुर्बलता तुझको घेर रही, और निज धर्म से कर चुकी भ्रष्ट,
जो धर्म भ्रष्ट हो जाता मानव, जग में वही कहलाता- 'पथभ्रष्ट'।
ना तेरा आचरण यह शोभा देता, तू अपने कुल को भी लजा रहा,
जिसके लिए क्षत्राणी संतान जने, वह धर्म भी तुझ से हुआ नष्ट।।

अंतःकरण की यह दुर्बलता, हे पार्थ! अब तुझे दूर करनी होगी,
खड़े होकर इस युद्ध- क्षेत्र में, वीरोचित हुँकार अब भरनी होगी।
तेरी गर्जन से शत्रु कांपे, और तर्जन तेरी दहला दे शत्रु का हृदय,
हे कौन्तेय! कायरता की केंचुली छोड़ तुझे वीरता धरनी होगी।।

❖

अर्जुन की तुलना

मरों का चिंतन मतकर बन्धु! वेद विरुद्ध चिंतन को त्याग,
मृत्यु की बातें सोच- सोचकर जीवन से तू रहा भाग।
तू जीवन- ज्योति जगा हृदय में अंधकार को दूर हटा,
आनंद इसी में जीवन का- ले जगा हृदय में पवित्र भाव।।

मृत्यु- मृत्यु को रटना अर्जुन! मृत्यु को निकट बुलाना है,
चिंतन मृत्यु का- दुश्चिन्तन है, तुझे इससे ध्यान हटाना है।
ऊर्जावान सजग मानस में सदा शुभ चिंतन ही चलता है,
तुझे शुभचिंतन में चित्त लगा, सात्विक भाव जगाना है।।

नहीं मृतक का शोक किया करते जो ज्ञानी ध्यानी जन होते,
पापों से दूर सदा रहते और जगत में बीज पुण्य के वे बोते।
सत, रज,तम इन तीन गुणों से, है घिरा हुआ जो -'पूज्यदेव',
श्ब्रह्मज्ञानीश उसे समझ लेते और सदा उसी में जगते- सोते।।

तू उनका शोक मत कर अर्जुन! जो शोक के होते योग्य नहीं,
मत कर अंतःकरण निर्बल सर्वथा तुझको ऐसा भी योग्य नहीं।
यहाँ जो भी आया जाना उसको, यह सत्य सनातन धर्म कहे,
समझ सत्य सनातन को- तेरा मेरा आत्मा मरण के योग्य नहीं।।

पार्थ! तू बात करे पंडित जैसी,पर वाणी में तेरे पांडित्य नहीं,
तुझ पर हावी अटकन- भटकन और मन पर तेरे लालित्य नहीं।
बता- धर्म से विमुख होकर अर्जुन! तू कैसे मोक्ष को पाएगा?
अधोमुखी जो चिंतन कर दे, ऋषि कहते उसको साहित्य नहीं।।

यदि तू पंडित होता अर्जुन! तो निश्चय ही ऐसी बात नहीं करता,
क्योंकि पंडित कभी भी नाशवान का हृदय में शोक नहीं करता।
मुक्ति का अभिलाषी बनकर पंडित 'अपनी' खोज किया करता,
वह आत्म तत्व से परम तत्व तक संध्या में सफर किया करता।।

❖

देहावस्था और ज्ञानीजन

बचपन, जवानी और बुढ़ापा यह इस देह में देखे जाते हैं,
ये होकर नहीं रहने वाले, एक दिन साथ देह ले जाते हैं।
श्देहवालाश भी छोड़ निकल भागे ना हाथ किसी के आता,
धीरपुरुष सचमुच में अर्जुन! स्वयं को भव से दूर हटाते हैं।।

अर्जुन! बचपन और लड़कपन दोनों बीत गए खेलों में,
यौवन आते ही साधारण जन हो जाते व्यस्त पापकर्मों में।
देख बुढापा रोना आता, तब किए हुए पर पछताता मानव,
भीतर बैठा पंछी रोता, मानव करता बंद जिसे पिंजड़ों में।।

एक दिन ऐसा आता है- जब पिंजड़े से पंछी निकल भागे,
दूसरा देह मिल जाता उसको कर्मफल चलता आगे- आगे।
कर्म फल सबसे प्रबल है, इसके आगे सब जन हथियार धरें,
जैसा जिसने यहाँ कर्म किया, उसे वैसा ही परिणाम मिले।।

जन्म- मरण इस देह के साथी, युग- युग का है खेल यही,
जो ज्ञानी इस खेल को समझे, उसे मरण का होता शोक नहीं।
वह खेल समझता मृत्यु को और सदा सहर्ष उसे स्वीकार करे,
धरने में नाशवान चोले को उसे, कभी होता कोई संकोच नहीं।।

नौ द्वारों का पुतला है यह, जिसमें एक पंछी रहता है,
सही समय पर छोड़ देह को, प्रभु की शरण पकड़ता है।
जो ज्ञानी- ध्यानी जन होते, वे 'शरीरी' का गहरा ध्यान करें,
ऐसे जन शोक से दूर रहें, उन पर कृपालु ईश्वर रहता है।।

अर्जुन! शरीर नाश हो जाता है पर आत्मा अमर हुआ करती,
यह रोग-शोक से मुक्त है बन्धु! सदा अमृतपान किया करती।
संसारी जन संसार में आकर, आत्मा का पतन किया करते,
ये निज स्वभाव में स्थित होकर ईशत्व की खोज किया करती।।

❖

तत्वदर्शी की पदार्थदृष्टि

श्री कृष्ण बोले- अर्जुन! पदार्थदृष्टि का उपदेश तुझे मैं देता हूं,
'असत् से भाव नहीं हो सकता'- ऐसा संदेश तुझे मैं देता हूं।
'कर्त्ता व सत् का अभाव नहीं हो सकता'- मेरी बात यह भी सुन,
समझें तत्वदर्शी इनके अंतर को- यह बात तुझे बता मैं देता हूं।।

सत्य शाश्वत सनातन है- जग में जिसे कोई मिटा नहीं सकता,
हर काल में रहता एकरस- इसका पता वेद से मिल सकता।
सत्य सनातन धर्म के रक्षक वेद- ईश्वर ने दिए थे ऋषियों को,
हैं सत्य धर्म के प्रतिपादक- ना असत्य कहीं पर मिल सकता।।

सत् अव्यक्त प्रकृति होती, यह एकरस कभी नहीं रह पाती,
अज्ञानी जन इसमें रम जाते, यह पटक-पटककर मार लगाती।
पार्थ! प्रकृति-पाशों को काटना अपना धर्म मानते ज्ञानी जन,
मोक्षानंद हेतु मिला यह जीवन, ईश्वर की ये अनमोल है थाती।।

बहता पानी ही बहते- बहते एक दिन सागर से हाथ मिलाता है,
बहने से जिसने मुंह फेरा वह रुका-थमा दुर्गंध युक्त हो जाता है।
कर्तव्य धर्म को पूर्ण करो और बहते भी रहो निरंतर- मेरे मीत!
पार्थ! जीत को लक्ष्य बनाने वाला भला कहां कहीं रुक पाता है?

प्रकृतिपाशों से दूर हटो और सत्य सनातन का पथ पहचानो,
हर देश-काल में निज धर्म निभाओ यह मर्म धर्म का तुम जानो।
हर परिस्थिति एक चुनौती होती, जो संयम की परीक्षा लेती है,
धैर्य-धर्म को धारण करना, हर काल में अपनी मर्यादा मानो।।

पार्थ! जो धर्मक्षेत्र में खड़ा हुआ किंकर्तव्यविमूढ़ हो रुक जाता है,
हम कभी नहीं आगे बढ़ सकते- जब मन में संशय घुस जाता है।
द्वन्द्व -भाव से दूर हटो, और निज बुद्धि को निर्मल कर शांत रहो,
यह सूत्र विजय पाने का है,जो अपनाए वह विजय हो जाता है।।

❖

शरीर की अनित्यता

माधव बोले- पार्थ! बिना लड़े शत्रु को क्यों गर्वित करता है?
तू धर्म धुरीण धनुर्धर होकर क्यों धर्म- ध्वजा झुकने देता है?
मां का पावन पयपान किया है -उसे ना अपयश का पात्र बना,
हे अर्जुन! कायर बनकर शत्रु को तू क्यों उत्साहित करता है?

जितने भर भी देह तुझे यहाँ समरांगण में खड़े दिखाई देते हैं,
मुझे खड़े नहीं अर्जुन! ये सारे बीच समर में पड़े दिखाई देते हैं।
जो शत्रु बन तेरे विरुद्ध खड़ा हुआ, उसे तू भी अपना शत्रु मान,
युद्ध क्षेत्र में शत्रु का वध करने वालों को देव भी बधाई देते हैं।।

यह शरीर नित्य नहीं हो सकता, समय आने पर मिट जाता है,
है नश्वरता धर्म इसी का, श्रेष्ठ ज्ञानी ही इसको समझ पाता है।
संबंधों का संयोग हँसाता मानव को, वियोग सदा रुलाता है,
वही मानव विवेकी होता है- जो स्वयं को द्वंद्वातीत बनाता है।।

देह के असत् होने के कारण, तू क्यों इसका अभिमान करें,
कुछ ही दिनों का होता यौवन मूर्खजन जिस पर अभिमान करें।
ढलती फिरती छाया अर्जुन! यह देह भी धोखा देने वाली है,
ज्ञानी -ध्यानी विवेक पुरुष समय रहते भगवत ध्यान करें।।

जीवात्मा होती है अविनाशी और जन्म मरण से रहती दूर सदा,
अचिंत्य स्वरूप होता है इसका- वेदों ने ऐसा बारंबार कहा।
अविनाशी का कभी नाश ना होता- उस पर क्यों तू शोक करे?
जितना भर शत्रु तेरे समक्ष खड़ा सचमुच में तो यह नहीं खड़ा।।

वीरों की भांति डट समर क्षेत्र में, मत भगने का तू भाव जगा,
जो ना मरता- ना मारा जा सकता, उसमें तू अपना भाव लगा।
अर्जुन! बरसीम की खेती की भांति हुआ करता नर समूह सदा,
जो आगे से कटता दिख रहा, वही पीछे फूटता आया करता।।

❖

जीवात्मा है अमर

माधव समझाने लगे, अर्जुन को रण बीच।
आत्मा अविनाशी अमर सीख सके तो सीख।।

अविनाशी तलवार से कभी न काटा जाय।
पानी से ना गल सके, आग से ना जल पाय।।

अविनाशी के मारने की जो कहते बात।
अज्ञानी वे हैं निरे ना समझें गहरी बात।।

मर नहीं सकता आत्मा और न मारा जाय।
जो नर ऐसा मानता वह ज्ञानी कहलाय।।

आत्मा और शरीर का विलय करना नहीं ठीक।
आत्मा ही सर्वोच्च है, वेदों की बात सटीक।।

शरीर को सब कुछ मानना वेद विरुद्ध यह बात।
मरणधर्म्मा होता यह- है वेदों का सिद्धांत।।

आत्मा 'गोपा' वेद ने कही है मेरे मीत।
इसे समझना है तुझे इंद्रियों को ले जीत।।

जब तक शरीर में आत्मा, तब तक इंद्रियां साथ।
प्रस्थान करे जब आत्मा- छोड़ें इंद्रियां साथ।।

यदि इंद्रियां दूषित भईं, तो आत्मा का हो नाश।
रहता अपने भाव में, पा ईश्वर का प्रकाश।।

अविनाशी किसी तत्व का, ना हो सकता उच्छेद।
ज्ञानी जन यह जानते, ना जाने मूरख भेद।।

किए का फल भोगना, निश्चित है सुनो पार्थ।
वेद का सिद्धांत है, फल भोगे हर पात्र।।

जो तेरे सम्मुख खड़े, सब भोगें अपना भोग।
तू क्यों चिंता में पड़ा और क्यों करता है शोक।।

❖

क्षत्रिय धर्म

माधव बोले पार्थ सुन- क्षत्रिय धर्म आख्यान।
राष्ट्रधर्म समाविष्ट है, इसके बनकर प्राण।।

क्षत्रिय धर्म सबसे बड़ा- इससे बड़ा न कोय।
जो इसका पालन करे- वह ना कायर होय।।

क्षत्रिय क्षरण को रोकता- पतन से लेत उबार।
दुर्बल का सहायक बने, करें दुष्ट संहार।।

क्षत्रिय तेरा धर्म है, तू जान सके तो जान।
अर्जुन! धर्म से भाग मत, तू कहना मेरा मान।।

आर्यों को भूमि मिली, तू भोग सके तो भोग।
अपना धर्म निभायकर, तू कर प्रभु से योग।।

ऐश्वर्याभिलाषी हो वही जो धर्म मार्ग अपनाय।
बल- वीर्य- युक्त ही, जगत में सिद्धि पाय।।

सर्व- जन हितकारी बने - वही राजा हो योग्य।
व्यवस्था दे संसार को, वही जन राज के योग्य।।

जो जन धर्म को छोड़ दें, जीवन हो अभिशाप।
ऐसा मत कर पार्थ! तू, तेरा जीवन है निष्पाप।।

जैसा जिसका स्वभाव है, हो वैसा उसका धर्म।
स्वभाव से तू है क्षत्रिय, समझ धर्म का मर्म।।

निज धर्म को छोड़कर- जो अपनाता पर धर्म।
कभी नहीं आगे बढ़े- बिगड़ते उसके कर्म।।

युद्ध करना धर्म है, और तेरा यही स्वभाव।
इसको मत कभी भूलना क्यों लावे भटकाव।।

क्षत्रिय जन सहने लगे दुष्टों का व्यवहार।
धर्म नष्ट होगा यहां और मचेगी हाहाकार।।

उठ खड़ा हो बावरे, और निज धर्म पहचान।
पाप का भागी क्यों बने घटती तेरी शान।।

इतिहास तुझे कायर कहे यदि छोड़ गया मैदान।
हथियार उठाकर हाथ में कर शत्रु शरसंधान।।

❖

क्षत्रिय धर्म का फल

कोई दो हाथ लड्डू ले, बड़ा ही है कठिन जग में।
कृष्ण जी दे रहे उपदेश - अर्जुन को यही रण में।।

राष्ट्र की रक्षा होती है, वीर बलिदानी पुत्रों से।
वीरांगना बहनों और प्रणवीर योद्धा क्षत्रियों से।।
देश भक्ति जहां होती, मिले आनन्द अर्पण में
कृष्ण जी दे रहे उपदेश - अर्जुन को यही रण में...1

यौवन देश को देना- वीर का काम होता है।
नमन इतिहास करता है, जगत में नाम होता है।।
खुशी के फूल खिलते हैं, छाये मधुमास जीवन में...
कृष्ण जी दे रहे उपदेश - अर्जुन को यही रण में...2

जो बलिदान होते हैं- जगत में यश मान पाते हैं।
जीते जी भी पाते हैं- मरण के बाद पाते हैं।।
ले दो हाथ में लड्डू, लड़ा करते हैं वे रण में...
कृष्ण जी दे रहे उपदेश - अर्जुन को यही रण में...3

युद्ध करते जो मरते हैं स्वर्ग के हैं वे अधिकारी।
जो युद्ध में जीत जाते हैं, भोगते राज बलकारी।।
निश्चय युद्ध का कर ले- मिटा दे संशय जो मन में...
कृष्ण जी दे रहे उपदेश - अर्जुन को यही रण में...4

❖

कर्म की अनिवार्यता

युद्ध से मुंह फेर चुके अर्जुन को कृष्ण लगे झकझोरने,
अर्जुन! दिव्य धर्म का निर्वाह कर, आगे लगे यूँ बोलने-
अर्जुन फँसा जिस द्वन्द्व में- उसकी परत लगे खोलने,
जिसे सुन- भूलोक, सुरलोक, विधिलोक लगे डोलने।

कर्म योग को तू जान अर्जुन और मेरी तरफ ध्यान कर,
कर्म योगी बन रणक्षेत्र में अब सम्यक -धर्म-निर्वाह कर,
तू कर्म में मत लिप्त हो और 'कर्मफल' की पहचान कर,
है अधिकार तेरा कर्म पर, इसका भी प्रत्यभिज्ञान कर।

है कर्म तेरे हाथ में- तू कर्मठ, कर्मयोगी व कर्मशील बन,
कर्म की शुद्धता पर ध्यान दे, हृदय से आचरणशील बन,
दुष्कर्म से मन को हटा, विवेकशील और धर्मशील बन,
तू धर्मानुकूल सदा कर्म कर, न्यायशील बुद्धिशील बन।

ना कर्म का फल हाथ तेरे, मत व्यर्थ चिंतन कर कभी,
ना विधि की व्यवस्था भंग हो,कर मनन इस पर कभी,
विधाता देखता है कहीं मौन बैठा- तेरे किए कर्म सभी,
अनुकूल ऋतु आते ही उपजें, धरती में पड़े बीज सभी।

ऋतु आगमन से पूर्व जैसे नहीं उपजता बीज कोई,
वैसे ही फल मिलता सदा, अपवाद नहीं है चीज कोई,
अपने किए हुए कर्म का फल भोगता हर जीव कोई,
फल भी वैसे ही मिलें, जैसी खेत में कोई चीज बोई।

मत जमा अधिकार फल पर –नहीं ऐसा उचित कभी,
है अनाधिकार यह चेष्टा मिटा देगी तेरे हित सभी,
कर्मफल पर अधिकार का तू भाव मिटा दे अभी,
'तू कर्म करना छोड़ दे'- इसका है नहीं यह अर्थ भी।

❖

समत्व योग

समाधि अवस्था है वही जब बुद्धि टिके एक देश में,
सुख दुःख का भी ना बोध हो मन शान्त रहे क्लेश में,
चेतना जुड़े ब्रह्म से, रमना छोड़ देती सांसारिक द्वेष में,
कर्म योगी मगन रहता सदा उस ब्रह्मानंद विशेष में।।

जब मन निष्काम हो गया तो बुद्धि में आये पवित्रता,
सात्विकता की वृद्धि से व्यक्ति में आती सच्चरित्रता,
संभव यह संयोग तब है, जब योग में हो सच्ची निष्ठा,
योग निष्ठ व्यक्ति ही पाता, ईश्वर की अविचल संपदा।।

आसक्ति फल की छोड़कर जब कर्म करता है मनुज,
भाव निष्कामता का है यही, होते सकाम कर्म तुच्छ,
परमात्मा है सर्वत्र व्यापक- ऐसा जान कर्म करो तुम,
जो भी दिया है इष्ट ने उसे सहज करो स्वीकार तुम।।

जो भी कमाते जा रहे कुछ दान भी करते चलो,
जो भी मिले दुःखी दीन तुमको विपदा सदा हरते चलो,
शुभ कर्म -संध्या- प्रार्थना और उपासना करते चलो,
आयु मेरी सौ वर्ष हो- ऐसा भाव ह्रदय में रखते चलो।।

आने न दो अपने निकट- बुरे कर्म के किसी भाव को,
आसरा दुष्कर्म का बनने न दो ह्रदय के दिव्य भाव को,
ईश्वर सदा तुम्हें देखता- निकट समझो अपने आपको,
स्वीकार उसकी सत्ता करो- खुद से दूर करो पाप को।।

फल का संग भाव त्याग दो- सुख दुःख में समभाव हो,
समत्व योग में बुद्धि रमे- रखो मगन अपने आप को,
फीका न पड़ने दो कभी जीने के अपने चाव को,
ऋषियों से चलो सीखते- जीने के पुरुषार्थी भाव को।।

❖

कामनाओं का त्याग

याचक नहीं उपासक बनकर जीवन को तुम जीना सीखो।
दर्शक नहीं दृष्टा बनकर - जीवन की सब सामग्री भोगो।।

कृष्ण बोले- अर्जुन! आज तेरा परम सौभाग्य उदय हुआ।
योग में तेरी रूचि हुई, ऐसा सौभाग्य- किसे है प्राप्त हुआ।।
तू नहीं पथिक एक जीवन का- न जाने कितने युग बीते।
कितने योद्धा यहां हार गए, न जाने कब कितने जीते।।
जो भी आया वह जाएगा यह सिद्धांत सदा अटल समझो...
याचक नहीं उपासक बनकर जीवन को तुम जीना सीखो...

मिले ईश से फिर बिछुड़े- अब योग के लिए हैं लालायित।
अनवरत चला आता यही क्रम,हैं युगों से इससे उत्पीड़ित।।
कहीं गिरे उठे- कहीं बैठ गए- कहीं दौड़ लगा दी मिलने को,
कहीं उदास हुए मन में भारी, कहीं तैयार हुए थे खिलने को।।
जब संसार असार लगे दीखने- सौभाग्य इसे अपना समझो,
याचक नहीं उपासक बनकर जीवन को तुम जीना सीखो...

पकड़ योग की सीढ़ी अर्जुन! लक्ष्य बना सदा आगे बढ़ना।
जो योग मार्ग को अपना लेते- पड़ता नहीं उन्हें भटकना।।
तू तो जन्मा क्षत्रिय कुल में कुछ योग में अपना ध्यान लगा।
उस परमतत्व को पा ले अर्जुन! उसको ही अपना गेह बता।।
जो नहीं बना सकते अपना- उन्हें सदा अभागा ही समझो...
याचक नहीं उपासक बनकर जीवन को तुम जीना सीखो...

योग है एकमात्र धर्म मानव का, सब उन्नतियों का है मूल।
जो भी इस को अपना लेता, सर्वत्र बिखरते उस पर फूल।।
इसी धर्म को अपना ले तू भी कल्याण यदि जग में चाहता।
श्रुति और स्मृति गातीं- गायी हर युग में ऋषियों ने गाथा।।
हे पार्थ! आत्मा को आत्मा से संतुष्ट अपनी तुम करो...
याचक नहीं उपासक बनकर जीवन को तुम जीना सीखो...

जुड़ जाओ! अपने आपसे, स्थितप्रज्ञता कही जाती यही।
विषय भोग से हटाना स्वयं को बुद्धिमत्ता कही जाती यही।।
यदि विजय चाहते कामना पर तो अध्यात्म से जुड़ जाइए।
वश में करो निज प्राण को, समाधि का अनंत सुख पाइए।।
जीवन के इस गूढ़ रहस्य को बड़ी गहराई से सीखो समझो...
याचक नहीं उपासक बनकर जीवन को तुम जीना सीखो...

❖

स्थित बुद्धि

हो नहीं सकता संसार उसका जो कामना से युक्त है।
वही जीत सकता संसार को जो कामना से मुक्त है।।

दिन आपाधापी में बिताना और रात में षड़यंत्र रचना।
लक्षण नहीं ये वीर के- यूँ ही किसी पर व्यंग्य कसना।।
सदा सम्मान दूसरों का करे- वही वीर बुद्धियुक्त है...

द्वन्द्व में फंस नहीं जीत सकता कोई वीर इस संसार को।
निर्द्वन्द्व होना ही पड़ेगा- निज आत्मा के परिष्कार को।।
नहीं मिल सकी कभी मंजिल उसे जो रहा द्वन्द्व युक्त है...

जो दुःख की ना चिन्ता करे, कमल सम सदा खिलता रहे।
सदा सन्तोष से उसे स्वीकार ले जो भी यहाँ मिलता रहे।।
परमेश्वर के आशीष से वही जन- होता यहाँ संयुक्त है...

सुख में नहीं जो फूलता और व्यवहार भी रखे संतुलित।
निकट धर्म के है वही -जिसका आचरण भी सन्तुलित।।
सुख दुःख में सदा एक रहना यही तर्क बुद्धि युक्त है...

कभी हो नहीं सकता संसार तेरा, तू भी न रम संसार में।
ये आवागमन का चक्र है- मत फंसना किसी दुष्चक्र में।।
रहो द्वन्द्व से सदा दूर ही जीने की युक्ति यही उपयुक्त है...

ममता, भय और क्रोध को –जो छोड़ चुका संसार में।
'स्थितधी' कहलाता वही प्रभु का कृपापात्र है संसार में।।
मोक्ष पद मिलता उसे जो ऐसी दिव्यता से युक्त है...

सुख–दुख, लाभ–हानि, यश –अपयश, मान–अपमान।
जो इनमें सदा समभाव बरते, 'स्थितप्रज्ञ' है वही इंसान।।
उसका अधिकार मन पर होता, वही संसार से विमुक्त है...

मनोकामनाएं रमाती हों, जब हमें संसार के विषयों में।
उन्हें ही 'राग' कहते हैं, बताया छूटने का मार्ग ऋषियों ने।।
जो जन 'राग' में फंसता, वही रहता सदा भय युक्त है...

❖

परमात्मा के दर्शन का लाभ

शत्रु हैं जो जग में आपके उन्हें जीतना होगा।
मित्रता के हर एक पौधे को हमको सींचना होगा।।

नहीं कोई साथ आया है, नहीं कोई साथ जाएगा।
जो भी लिया जग से - यहीं पर छूट -जाएगा।।
धर्म ही सच्चा साथी है- उसी को धारना होगा...

अहंकार और ममकार को जो भक्त तज देता।
'ब्रह्मवर्चस' को पाता है -'ओ३म' का नाम भज लेता।।
भोग की भूख और प्यास को हमें छोड़ना होगा...

भोग के अभ्यास से बढ़तीं जगत की वासना अर्जुन!
मिटा दे वासना को तू - जगत में वेद वाणी सुन।।
प्रभु का ध्यान करता चल- उसी को खोजना होगा...

जब तक इंद्रियां भूखी- बता! तेरे जप का क्या होगा?
निराहारी बना रहना भी तब तक ठीक ना होता।।
ध्यान कर इंद्रियों का तू- इन्हीं को साधना होगा...

रूप, रस, गंध आदि की लगी हुई आग है दिल में।
जलाती रात दिन हमको- कुछ अफसोस कर दिल में।।
वेद वाणी की वर्षा से- जगत को भीगना होगा...

लालसा को मिटा मन से- यही संदेश गीता का।
यही उपदेश ऋषियों का,यही आदेश वेदों का।।
इसी को घोटकर पी ले- इसे ही धारना होगा...

विषयों का रस बड़ा फीका तू पी ले 'सोमरस' पगले।
मधु से भी वह मीठा- पहुंचाता घर हमें अगले।।
'रसों का रस'- जो होता है, उसी को खोजना होगा...

जिसने पी लिया जग में- 'रसों का सोमरस' प्यारे।
वही संसार- सागर में नहीं कभी डूबता प्यारे।।
रसिया बन उसी रस का उसी में डूबना होगा...

❖

संयमी मुनि

मन-वचन-कर्म से मत किसी को पीड़ा पहुंचाना।
तपोव्रती और संयमी जीवन से सबके कष्ट मिटाना।।

वेद ने दी मर्यादा हमको पहली - अहिंसावादी बन।
दूजी है -यथार्थ ज्ञान को पाकर तू भी सत्यवादी बन।।
अस्तेय, ब्रह्मचर्य, शौच, स्वाध्याय और ईश्वर प्रणिधान।
ये ही सात मर्यादा हमको देतीं अपनी सही पहचान।।
जो वेद ने खींची लक्ष्मण-रेखा उसको नहीं मिटाना...
मन-वचन-कर्म से मत किसी को पीड़ा पहुंचाना...

शासक वही उत्तम होता है जो स्वयं मर्यादा में बंधा रहे।
वह शासक उत्तम नहीं होता जो धर्माचरण से हटा रहे।।
शासक का अपना जीवन जितना उत्तम और नैतिक हो।
प्रजा का भी जीवन उतना ही उन्नत और आनंदित हो।।
'यथा राजा -तथा प्रजा'- का संदेश सुनना और सुनाना...
मन-वचन-कर्म से मत किसी को पीड़ा पहुंचाना...

अर्जुन! मर्यादा पालक बनकर तू कर मर्यादा स्थापित।
सहज सरल और प्रसन्नमना कर्तव्य निभा हो आनंदित।।
तेरी मर्यादा तुझ से कहती तू शस्त्र उठा और युद्ध मचा।
जो भी पापी संतापक शत्रु हैं ना रहे उनमें से कोई बचा।।
मर्यादा की रक्षा हेतु भी बन्धु! पड़ता है शस्त्र उठाना...
मन-वचन-कर्म से मत किसी को पीड़ा पहुंचाना...

संयमी लोग जागते हैं, जब संसारी जन सोया करते।
संसारी जन जागा करते, तब संयमी लोग सोया करते।।
यदि उलटी रीत जग अपनाए तो क्षत्रिय को जगना होगा।
धर्म स्थापन करने हेतु, हर शत्रु का संहार करना होगा।।
संयम धर्म पहचान कर अर्जुन! सबके कष्ट मिटाना...
मन-वचन-कर्म से मत किसी को पीड़ा पहुंचाना...

❖

देव पूजा से कल्याण

सोते हुए बालक को जैसे माता पिलाती दूध को।
प्रतीति नहीं है स्वाद की पर पीता है बच्चा दूध को।।
रहते हैं संसार में वैसे ही योगी जान विषय गूढ़ को।
हम निर्लिप्त भाव से रहें- समझें विचार विशुद्ध को।।

आंखों से देखता है योगी पर देखता नहीं संसार को।
मगन रहता है निज स्वरूप में भजता है करतार को।।
कानों से सुनाई देता उसे, पर सुनता नहीं असार को।
नहीं फंदे में फंस पाता वह प्रेम से छोड़ता संसार को।।

कर्म संग को जो छोड़कर- जीवन बिताते हैं यहां।
आत्मा उनका बन्धता नहीं- निर्लिप्त रहते जो यहां।।
नहीं सताते संताप उनको पाप ताप की तो बात क्या?
महात्मा लोग ही देवता रूप में सम्मान पाते हैं यहाँ।।

देव पूजन जो करें वही जन पार करते भव सिंधु को।
कल्याण करते स्वयं का- नव संदेश दे संसार को।।
व्यक्तित्व और कृतित्व उनका- फैलाए प्रेम सार को।।
वे प्रसन्न करते देवगण को जो चला रहे संसार को।।

देव सत्य होते सदा - अनृत मनुष्य को ही कहा गया।
सत्य से विपरीत चलता- दोषों का पुतला माना गया।।
दूर दोष करे देव पूजन मनुष्य का धर्म यही माना गया।
चलते रहो इसी मार्ग पर मिलेगा गंतव्य जो माना गया।।

धर्म मार्ग में जो भी मिले- उसे सहज में स्वीकार लो।
ईशत्व मेरे साथ है -ऐसा भाव हृदय में अपने धार लो।।
जो भी मिले जीवन में साथी- प्रारब्ध अपना मान लो।
सदा आनंद में जीते रहो- विषय आत्मा का जान लो।।

सर्वत्र हो आनंद वर्षा - जब आनंद के हम ध्यानी बनें।
देखें आनंद में आनंद को- आनंद के हम स्वामी बनें।।
लुटेरे हों आनंद के, सदा ही आनंद के हम ज्ञानी बनें।
हो पवित्र मधुर वाणी हमारी- जग की कल्याणी बने।।

❖

यज्ञशेष के लाभ

सभी देवगण प्रसन्न होते यज्ञ के प्रसाद से।
यज्ञ की महिमा निराली, पूर्ण करो ध्यान से।।
बैठिए वेदी पर जाकर तुम पूर्ण श्रद्धाभाव से।
अनुभव करो आनंद का हृदय को भरो चाव से।।

यज्ञ के द्वारा ही भगवन सृष्टि का उन्नयन करें।
यज्ञ ही आधार जग का, ईश्वर परिपालन करें।।
नित्य नियम से बैठ सारे लोग यज्ञ हवन करें।
ईशवाणी वेद का श्रवण, पठन और मनन करें।।

सुंदर बनाएं परिवेश को समाज और देश को।
दूर करें संसार से सारे कष्ट क्लेश को।।
हर जीव की पीड़ा हरें रखें याद जीवन ध्येय को।
जो वचन हमने दिया जन्म- पूर्व जगदीश को।।

सेवन उसी का कीजिए जिसे दे रहा हो यज्ञ ही।
परमेश्वर से ही चला यह सृष्टि का सब चक्र भी।।
जन्म जन्मों से जिसके फेर में हैं पड़े हम सभी।
खाइए, फल वासना का-मिल जाएगी मुक्ति भी।।

परमेश्वर से ज्ञान मिलता, ज्ञान से फिर कर्म है।
कर्म से फिर यज्ञ होता और यज्ञ से पर्जन्य है।।
सृष्टि- यज्ञ चलता रहे- उसमें निपुण पर्जन्य है।
पर्जन्य से ही वन औषधि, पर्जन्य से ही अन्न है।।

हमारा शरीर बनता अन्न से, नाम इसका 'यज्ञ' है।
सारी व्यवस्था को चलाता, कोई सूक्ष्म 'तत्व' है।।
'ओ३म' को ही तत्वदर्शी बताते रहे सूक्ष्म 'तत्व' हैं।
सर्वव्यापी भगवान रहता चल रहा जो सृष्टि कर्म है।।

❖

स्वधर्म की श्रेष्ठता

हर श्रेष्ठतम कर्म को ही यज्ञ माना वेद ने।
यज्ञ करो भी, कराओ भी- संदेश दिया वेद ने।।
देवयज्ञ नियम से करो- यही उपदेश दिया वेद ने।
संगतिकरण और दान का भी आदेश दिया वेद ने।।

सबसे चले मिलकर सदा- मनुष्य का यही धर्म है।
मिल बाँटकर उपभोग करे- यह धर्म का भी मर्म है।।
ऐसी दिव्य शिक्षा जिससे मिले- साथी हमारा यज्ञ है।
सदा लाभ हो संसार का हर मनुष्य का यह स्वधर्म है।।

आत्मतुष्टि का नहीं कभी जीव साधन क्षेत्र है।
संसार ईश्वर ने रचा, मंदिर उसी का जीव है।।
आत्मदान करने पर यहाँ सदा पूर्ण होता यज्ञ है।
यही निष्कामता की उत्कृष्टता- सबसे उत्तम कर्म है।।

सदा धर्म अपना श्रेष्ठ है- मत खराब उसको जानना।
मत विमुख हो स्वधर्म से- पार्थ! बात मेरी मानना।।
मरना भला स्वधर्म में- ना कभी वैर उससे पालना।
करो यज्ञार्थ स्वधर्म को- अपना मन उसी में डालना।।

धर्म ब्राह्मण का है यही - वेद का पढ़ना व पढ़ाना।।
दान लेना और देना, संसार में यज्ञ का करना- कराना।
दुष्टों का संहार करना - यही धर्म तुझको अपनाना।
अर्जुन! धर्म का पालन करो, ना युद्ध से भाग जाना।।

जो भी किया है कर्म तुमने- भगवान के अर्पण करो।
कभी दूसरे के धर्म को मत सहज में स्वीकार करो।।
भगवान हमारे साथ रहकर, है देखता हर कर्म को।
अर्जुन! तुझको मिटाना दुष्ट को, मत भूल निज धर्म को।।

❖

पूर्व जन्मों का ज्ञान

ज्ञान योग की संपदा, की अर्जुन की भेंट।
कर्म योग भी साथ में माधव ने किया भेंट।।

कर्म- संन्यास के योग पर की चर्चा विस्तार।
अब पुरातन - योग का करता मैं उच्चार।।

'मैं' रहा हर काल में, और रहूं हर काल।
वर्तमान हर काल में, बात ना झूठी जान।।

परंपरा से चल रहा, जग में पुरातन योग।
अनुरागी थे सत्य के, धर्म कुशल थे लोग।।

ओत-प्रोत अध्यात्म से जीवन का आदर्श।
यदि नेता बुद्धिमान हों तो देश करे उत्कर्ष।।

अनमोल- निधि है देश की, ब्रह्मविद्या बेमोल।
लुप्त हुई दुर्भाग्य से उसको रहा अब तोल।।

अर्जुन! तू मेरा सखा, मैं तुझे बताता भेद।
सृष्टि के विज्ञान का, कोष बता रहा वेद।।

आए कितने जने यहां ? बिता चले निज काल।
कालचक्र पर है नहीं, उनका नामोनिशान।।

कितने जन्म मेरे हुए? तू भी बंधा उसी डोर।
मुझको उनकी याद है, तू गफलत की छोर।।

जन्म अकारथ ही गया, व्यर्थ मचाया शोर।
कोई संध्या चल बसा, कोई उठ गया भोर।।

जन्म सफल अध्यात्म से, करो प्रभु से प्रीत।
कर्म के को देखकर, क्यों होता भयभीत।।

प्रभु हमारा मीत है, जन्म - जन्म रहे साथ।
जीवन भर भजते रहो, है वही हमारा नाथ।।

छोड़ दे अज्ञान को, ले ले तीर कमान।
असार सब संसार है, कर ले इसका ज्ञान।।

धर्म की हानि और अधर्म की वृद्धि

संसार धर्म से चल रहा धर्म ही सबका मूल।
धर्म युक्त जीवन यदि चुभे न कोई शूल।।

जब धर्म की हो कमी अधर्म बहुत बढ़ जाय।
त्राहिमाम जन कर उठें, पाप-ताप बढ़ जाय।।

जीव-जीव अशांत हो और जीवन हो बेचैन।
दिन काटना मुश्किल रहे, काटे कटे नहीं रैन।।

दैहिक- दैविक दुःख बढ़ें, और भौतिक संताप।
अस्त -व्यस्त संसार हो, बढ़े धरती पर पाप।।

हर व्यक्ति निज धर्म को कहने लगे बकवास।
आशा छोड़े हाथ को, जन- जन होए निराश।।

उदासियां डसने लगें, और राजा होवे नीच।
असंतोष हो देश में, पाप सभी के बीच।।

जीवन की ज्योति बुझे, मिटे सत्य व्यवहार।
अनाचार सर्वत्र हो, और बढ़े दुष्ट व्यवहार।।

राजा अपने धर्म से जब- जब होता दूर।
पाप बढ़ें संसार में और मिटे धर्म का नूर।।

अर्जुन! जब ऐसे बनें, इस धरती के हालात।
मेरे लिए ये ही उचित, करूं ठीक हालात।।

मोक्ष पद को छोड़ कर, आता मृत्यु लोक।
दु:खित दलित और दीन के हरता सारे शोक।।

'दिव्य-धर्म' मेरा यही, हर पल रखता याद।
जग की भलाई के लिए, मैं जन्मूं बारम्बार ।।

जग की भलाई के लिए, तू कर शत्रु संहार।
अर्जुन! अपने धर्म को, बिना हिचक स्वीकार।।

निज सुख को तू त्याग दे, मोह से हो जा दूर।
जन्म सफल अपना बना, भय और भ्रम कर दूर।।

सज्जन का सम्मान कर और दुष्टों का संहार।
इसीलिए मैं जन्मता, कर मेरा मत स्वीकार।।

❖

निष्काम कर्ममय जीवन से मुक्ति

साधु पुरुष जब होते दुःखी भगवान की इस सृष्टि में।
और अनिष्टकारी शक्तियां होतीं हैं प्रबल सृष्टि में।।
तब उनके भी विनाश हेतु शक्तियां होतीं प्रकट सृष्टि में।
कर्म फल मिलता सभी को, भगवान की इस सृष्टि में।।

कुछ काल के लिए कभी साधु पुरुष साध जाते मौन हैं।
कुछ काल के लिए कभी सत्य भी धार लेता मौन है।।
पर समय बदलता एक दिन, यहाँ स्थिर रहा कौन है?
दुष्ट भी कुछ देर बढ़ते, एक दिन हो जाते वे भी मौन हैं।।

अंधकार की गहरी निशा जब भयावनी हो फुंकारती।
चारों तरफ हो झाड़ियां और आशा भी दम तोड़ जाती।।
तब आकाश में बिजली चमकती महत्व का संदेश लाती।
वह बिजली ही अवतार सम संसार में सम्मान पाती।।

विनाश विकास को पटकी देता कभी स्वयं पटकी खाता।
अबूझ पहेली दोनों की, कोई समझदार ही सुलझा पाता।।
नहीं विनाश को हावी होने देता, ईश्वर ऐसा खेल रचाता।
हर एक चुनौती का उत्तर अपनी दिव्य शक्ति से दिलवाता।।

अर्जुन! सुन, मेरा कर्म दिव्य है, जन्म भी दिव्य बतलाया।
अद्‌भुत मेरा जीवन भी है, और सारा अद्‌भुत खेल रचाया।।
मुझ में नहीं लिपटते कर्म कभी भी ऐसी अद्‌भुत मेरी माया।
फंसता नहीं मैं भी उनमें कोई विरला ही इसे समझ पाया।।

जो ऐसे रहस्य समझ लेता, वह जीवन मरण से मुक्ति पाता।
फिर देह नहीं मिलती उसको, देर काल तक मुक्ति पाता।।
आनंद की वर्षा अनुभव करता और ईश्वर को वह पा जाता।
इस मिलन पवित्र के आगे, किसे और कौन सा रस भाता?

❖

कर्तव्य का निश्चय

नित्य-कर्म करते चलो, हो जीवन का उत्थान।
गुरुजनों और मात-पिता का करते रहो सम्मान।।

शरीर की रक्षा करना भी, नित्य कर्म ही होय।
जो इनका निश्चय करे, सदा उसका मंगल होय।।

समय-समय पर जो हमें, करने पड़ते काम।
नैमित्तिक उनको कहें, बात सही मेरी मान।।

अतिथि का सत्कार कर स्नान करो हर रोज।
ये ही ऐसे कर्म हैं, जो देते तेज और ओज।।

हमारी कामना की पूर्ति, करते हों जो काम।
काम्य-कर्म उनको कहें, अर्जुन! देना ध्यान।।

काम से इच्छा जन्म ले, और इच्छा है एक रोग।
जब इच्छा में अवरोध हो, तो आता है तब क्रोध।।

जब मन ऐसा सोच ले, त्याग रहा हूं क्रोध।
इच्छा को भी मार ले, तब समझो हुआ बोध।।

निष्कामता इसको कहें, कह गए ऋषि सुजान।
जीवन को जो सुधार ले, हो उसको सच्चा ज्ञान।।

कर्म के दो रूप हैं, और एक बाहरी होय।
एक भीतरी होत है, समय अनुसार जरूरी दोय।।

सिर झुके गुरु देखकर, भीतर भी श्रद्धा होय।
विशिष्ट-कर्म इसको कहें, जो भी पंडित होय।।

भीतरी श्रद्धा शून्य हो, और खड़ा झुकाए शीश।
विकर्म कभी होता नहीं, ना मिलती कोई सीख।।

निष्काम कर्म तभी सिद्ध हो, जब मन भी देता साथ।
बारूद धमाका तब करे, जब बत्ती देती साथ।।

बारूद कर्म बंदूक की, विकर्म की हो आग।
विकर्म ही चौतन्य है, बारूद के प्राण हैं आग।।

कर्म जुड़े जब विकर्म से, दूर भगे अहंकार।
काम-क्रोध भी नष्ट हों, होते शुद्ध विचार।।

❖

बंधन मुक्त अवस्था

राजनीति का प्रश्न नहीं है आज खड़ा तेरे सम्मुख।
उपस्थित हुई आज एक चुनौती मानवता जिससे व्याकुल।।
वृहद सांस्कृतिक समस्या अर्जुन! अब तुझको रही पुकार।
इतिहास तुझे कोसेगा निश्चय, यदि नहीं किया स्वीकार।।

हुई मानवता है खंड- खंड, अब नव-निर्माण करना होगा।
दुर्योधन आदि दुष्टों को, अब तेरे हाथों मरना होगा।।
इतिहास रचाते वही शूर, जो 'गांडीव' किया करते धारण।
वे नहीं कभी ऐसा करते, मानवता लज्जित जिनके कारण।।

किसी प्रारब्ध की प्रबलता से तुझको, सुअवसर प्राप्त हुआ।
जन्म को तू सफल बना,मत खो- अवसर जो प्राप्त हुआ।।
लज्जित-अपमानित मानवता को पुनः मुखरित करना होगा।
जिस जिसने भी हैं घाव दिए अब निश्चय उनको मरना होगा।।

तू यहाँ धर्म को स्थापित करने आया, यह क्यों भूल रहा बंधु!
अनुपम विराट व्यक्तित्व तेरा, तू निज महिमा भूल रहा बंधु!!
यदि तूने धर्म निभाया नहीं, तो धरती बनेगी आंसू का सागर।
उत्तरदायी जिसका होगा तू, है बात मेरी गागर में सागर।।

संसार समर में चलते चलते जो कुछ मिल जाए- वही उचित।
आज तुझको भी जो दायित्व मिला तू कर उसको सम्मानित।।
तू द्वंद्व-युद्ध से बाहर निकल और पाप पुण्य से मुक्त समझ।
सफलता और असफलता का द्वन्द्व त्याग, इनसे परे समझ।।

समझ पार्थ! यदि कोई मानव किसी मित्र के यहां प्रवास करे।
वह साक्षी बन रहता है वहां, सब उसका सम्मान विश्वास करें।।
मैं और तू भी दोनों अतिथि, यह शरीर हमारा घर अर्जुन!
हमें अतिथि रूप में रहना होगा घटना से निर्लिप्त बनो अर्जुन!!

संसार में रहो- पर दूर रहो, 'कमल' को आदर्श स्वीकार करो।
मत बनो 'कीचड़'- कीचड़ में रहकर, ना कभी अहंकार करो।।
जैसी भी अवस्था सम्मुख हो, उसमें ही प्रसन्न रखो खुद को।
आज जैसी अवस्था तेरे सम्मुख, उससे मत भगने दे खुद को।।

❖

अनेकों प्रकार के यज्ञ

पंचमहाभूत हैं और पंच महायज्ञ हैं
ईश्वर की सृष्टि स्वयं एक यज्ञ है
ईश्वर का विधान 'वेद' भी एक यज्ञ है
ईश्वर का हर उपदेश ही एक यज्ञ है।

लोकोपकारक शुभ कर्म एक यज्ञ है
संसार में निष्काम- कर्म भी यज्ञ है
नित्य- नैमित्तिक कर्म भी एक यज्ञ है
हमारे हृदय को करता पवित्र यज्ञ है।

संसार की हर सार्थकता एक यज्ञ है
अंतःकरण की शुद्धि भी एक यज्ञ है
हृदय के लिए सब किए जाते यज्ञ हैं
मन की शुद्धि हेतु किए जाते यज्ञ हैं।

आस्था व श्रद्धा से किए जाते यज्ञ हैं
अति- प्रीति से पूर्ण होते सब यज्ञ है
प्रकाश से विमल हो प्राप्त होते यज्ञ हैं
ना कभी अनास्था से पूर्ण होते यज्ञ है।

कठोर अभ्यास का नाम भी एक यज्ञ है
वैराग्य की पवित्रावस्था भी एक यज्ञ है
ईश्वरप्रणिधान योगक्रिया भी एक यज्ञ है
योगी के हृदय की करुणा भी एक यज्ञ है।

संसार में कोई जन कर रहा 'द्रव्य यज्ञ' है
कहीं कोई तपसी भी कर रहा जप यज्ञ है
कोई ध्यानी करता मिलता 'ध्यान यज्ञ' है
किसी राजा द्वारा चल रहा राजसूय यज्ञ है।

योगी जन लोकहित में करते सारे यज्ञ हैं
संसार की भलाई हेतु वे करते तप यज्ञ हैं
स्वाध्याय- शील लोग करते 'ज्ञानयज्ञ' हैं
सारी सृष्टि में सर्वत्र ही चल रहा यज्ञ है।

प्रभु भक्ति हेतु किया जाता ब्रह्म यज्ञ है
स्वाध्याय आत्मिक शक्ति देता ब्रह्म यज्ञ है
परस्पर सहयोग का भाव देता श्देव यज्ञश है
निरभिमान रह- सिखाता वैश्व देव यज्ञ है।

संन्यासी विद्वान की सेवा 'अतिथि यज्ञ' है
अतिथि से ज्ञान प्राप्ति हेतु सेवा भी यज्ञ है
माता-पिता का ऋण चुकाना भी यज्ञ है
सचमुच संसार में अनेकों प्रकार के यज्ञ हैं।

❖

ज्ञान की श्रेष्ठता

जीवन सफल हो यज्ञ से हृदय की है पुकार।
प्राण यज्ञ से समर्थ हो, मैं कहता बारम्बार।।

अपान समर्थ हो यज्ञ से- यही हृदय की चाह।
अपान यज्ञ के अनुकूल हो चले ना उल्टी राह।।

उदान और हों समान भी यज्ञ-भाव से पूर्ण।
नेत्र यज्ञ से हों सफल, रहें वेद - अनुकूल।।

श्रोत्र, वाणी, मन सदा, बरतें यज्ञ का भाव ।
आत्मा ब्रह्मा, ज्योति भी रखें यज्ञ का चाव।।

आनंद भरा हो यज्ञ से हो आनंद का व्यापार।
पीठ परोक्ष परिपूर्ण हों, करें यज्ञमय व्यवहार।।

जब ऐसा जीवन बने तो ज्ञान होय साकार।
शिक्षा वैदिक- धर्म की, करती बेड़ा पार।।

अंग-अंग जब बोलता, स्वाहा-स्वाहा के बोल।
सात्विकता सृजित भये, जीवन हो अनमोल।।

प्रकृति भी गाने लगे, स्वाहा-स्वाहा के गीत।
गूंजता सर्वत्र हो, बस स्वाहा का संगीत।।

वही ज्ञान उत्तम सदा, करे जो पर कल्याण।
जब साधना साधन बने, हो अपना भी कल्याण।।

जो भी कर्म मानव करे, ज्ञान में होता अंत।
पाने के लिए ज्ञान को, ढूंढो सच्चे संत।।

ज्ञानी गुरु यदि मिल गया, समझो बड़ा संयोग।
नमन करो उसको सदा, किया बड़ा सहयोग।।

प्रसन्न गुरु से पूछ लो- गहरे ज्ञान की बात।
पार्थ! वही है जानता, तेरे मन की बात।।

प्रसन्न गुरु से ही मिले, वेदों का सही सार।
वेदों का सही सार ही, करे भव से बेड़ा पार।।

गुरु उसी को मानिए, जो शिक्षा दे नवनीत।
उसे गुरु मत मानिए जो करता हो भयभीत।।

नया ज्ञान-विज्ञान ही सब उन्नति का मूल।
जो इसको समझे नहीं, फूल भी बनते शूल।।

गुरु के निकट तुम जाइए लेकर समिधा हाथ।
कल्याण - कारक ज्ञान दे, पवित्र करे संवाद।।

❖

कर्म योग की श्रेष्ठता

गुरु की कृपा से आता है वसंत हमारे जीवन में।
गुरु ही भरता नई ऊर्जा, नव- स्फूर्ति जन-गण में।।

करो कीर्तन सच्चे गुरु का यही वेद की आज्ञा है।
कृतघ्नता का दोष लगे ना, इस पर ध्यान लगाना है।।

साक्षात्कार जब हो जाता है, परमपिता से सीधा ही।
मिट जाते सब संशय क्लेश अवसाद बचे ना थोड़ा भी।।

कर्म क्षीण हो जाते हैं और तन- मन आनंदित होते।
ऐसे महामानव को पाकर सब जन- मन हर्षित होते।।

आध्यात्मिक, अधिदैविक, अधिभौतिक तीनों ताप मिटें।
साक्षात्कार हो ईश्वर का तो पाप-ताप-संताप मिटें।।

जब आत्मा कह दे ईश्वर से मैं तेरी और तू मेरा है।
समझो तभी अंधकार मिटे और होता दिव्य सवेरा है।।

संन्यासी के जीवन में ऐसा अक्सर हो जाता है।
सारे मल विक्षेप धुलें और नया सवेरा आता है।।

संन्यास भाव जब सिर चढ़ बोले शिव का रूप बना लेता।
सबका हितकारी हो जाता सबको आनंद घना देता।।

कर्म भी जब जुड़ जाते धर्म से, सच्चे शिव हो जाते हैं।
मानव के हितचिंतक बन कर कल्याणी हो जाते हैं।।

निकम्मे और प्रमादी जन कर्म का त्याग किया करते।
'कर्म से ही संन्यास लीजिए'- ऐसा तर्क दिया करते।।

कर्म के बंधन से मुक्ति का- यही उपाय बताते हैं।
कर्म करो मत- पड़े रहो, बस जीवन व्यर्थ गंवाते हैं।।

श्री कृष्ण जी ने समझाया, अर्जुन! मेरी बात सुनो।
जो धर्म के अनुकूल तुम्हारे उसी को अपने लिए चुनो।।

बाह्य-कर्म का त्याग सदा ही ज्ञानी जन करते आए।
कर्म-त्याग मन ही कर पाता, सिद्ध पुरुष कहते आए।।

कर्म योगी होकर भी मानव, कर्म निरंतर करता जाता।
मन में बसी कामना का भी त्याग निरंतर करता जाता।।

अच्छे कर्मों में लगे रहो तो आत्मा भी उन्नत होता।
ऐसे दिव्य-पुरुष के आगे सारा जग नतमस्तक होता।।

नित्य पाप-कर्म करने से होता आत्मा भी अधोगामी।
प्रभु भजन करने से होता आत्मा अति बलशाली।।

पाप-कर्म से बचे रहो जो चाहते हो अपना कल्याण।
जो अज्ञान,अविवेक को मारे वही रखता है सच्चा ज्ञान।।

मोह, लोभ और काम की आंधी जिसको नहीं मिटा पाती।
जितेंद्रिय वही कहला पाता है दिव्यता उसकी बढ़ती जाती।।

❖

योग युक्त मुनि और ईश्वर प्राप्ति

सुखदाई शरण भगवान की है ज्ञानी जन उसको हैं पाते।
योग युक्त जीवन जीते और संसार में हैं पूजे जाते।।

उलझी सितार की तारों को जो सुलझाने में लगा रहा।
खार जार में उलझ गया और मनचाहा कुछ पा न सका।।
निरर्थक ऐसे जीवन हैं, जो काल के थप्पड़ हैं खाते...
सुखदाई शरण भगवान की है ज्ञानी जन उसको हैं पाते...

जो भी कुछ जिसके पास यहां वह दिया हुआ परमेश्वर का।
उसी के गाओ गीत सदा, यह जन्म नहीं फिर मिलने का।।
वह दीनबंधु कहलाता है मूर्ख जन उसको ठुकराते...
सुखदाई शरण भगवान की है ज्ञानी जन उसको हैं पाते...

सामर्थ्य उसी में रचना करता पालन पोषण भी करता वही।
संहार करे सारे जग का, कर्ता-धर्ता और हर्त्ता वही।।
उसकी ही शरण में आओ सब ज्ञानी जन उसको ही ध्याते...
सुखदाई शरण भगवान की है ज्ञानी जन उसको हैं पाते...

ज्ञानी जन हर प्राणी भीतरव उस परमेश्वर को देखते हैं।
कण-कण में उसको देखते हैं और अहम को दूर भगाते हैं।।
ज्ञान योग से युक्त मुनिजन उस ब्रह्म को जल्दी पा जाते...
सुखदाई शरण भगवान की है ज्ञानी जन उसको हैं पाते...

कृष्णा जी बोले सुन अर्जुन! जिनका जीवन होता निश्छल।
वह योगी जन हर प्राणी में भगवान को पाते हैं पल- पल।।
कण–कण में रमे भगवान उन्हें अन्तश्चक्षु से दिख जाते...
सुखदाई शरण भगवान की है ज्ञानी जन उसको हैं पाते...

जो ज्ञानी जन हर प्राणी में, भगवान को ही देखा करते।
वह कर्म में फंस नहीं पाते हैं और असीम धैर्य को धरते।।
वह अनुकूल धर्म के कर्म करें और बंधन में ना बंध पाते...
सुखदाई शरण भगवान की है ज्ञानी जन उसको हैं पाते...

योगी जन जो कुछ भी करते उनकी इंद्रियां ही उसे करतीं।
आत्मा नहीं कर्त्ता होता है, फल भी इंद्रियां ही चखतीं।।
मत नाहक चिंता कर अर्जुन! जो जैसा बो –वैसा काटे...
सुखदाई शरण भगवान की है ज्ञानी जन उसको हैं पाते...

❖

आत्म व्यवहार के अनुरूप परिणाम

जब पतन वैचारिक होता है तो गिरता जाता मानव दल।
जब उत्थान वैचारिक होता है तो बढ़ता जाता मानव दल।।

ऐश्वर्याभिलाषी जीव सदा यहाँ, ऐश्वर्य हेतु ही आता।
बलवीर्ययुक्त समर्थ जीवन को कोई बड़भागी ही पाता।।

समझो! हीनवीर्य हो जाना अपनी मृत्यु को है आमंत्रण।
देना चुनौती मृत्यु को भी,क्षत्रियों के लिये है सदा उत्तम।।

जीव को कहता वेद- तू 'वृषा'- सुख बरसाने वाला है।
कर सुखी और रह सुखी- तू इस पर चलने वाला है।।

सबके लिए जुटा सुख के साधन- सुसमृद्ध बना सबको।
जब भी कोई कहीं दु:खी दीखे सामर्थ्यवान बना सबको।।

सुविचार बढा- परिवार बढा, अपना सुंदर व्यवहार बना।
संघर्षशील बन उनके लिए जिनके ऊपर कोई कष्ट पड़ा।।

सिद्धि साधन का अवलम्बन कर मुक्ति-पाठ पढ़ा जन को।
सिद्धि के लिए तू उत्पन्न हुआ! वेद की बात बता मन को।।

नरतन का स्वामी होकर भी यदि सुख सामग्री से मुंह मोड़ा?
तेरा व्यर्थ रहेगा ये जीवन, यदि यज्ञ -याग को भी छोड़ा।।

पूर्वजों के बुद्धि- वैभव का तू लाभ उठा और सबको बांट।
सुख सामग्री को खूब बढा और धर्मानुसार बढ़ा ले ठाट।।

ऊंचा उठावे आत्मा से आत्मा को, और ना गिरने दे कभी।
किसी की गिर गई है आत्मा तो उठ न सकेगा फिर कभी।।

अर्जुन! आत्मा ही मित्र अपना, तू मित्रवत व्यवहार कर।
मत उपेक्षित कर आत्मा को, अनुकूल इसके काम कर।।

आत्मा की आवाज सुन, बुद्धि को उसकी अनुगामी बना।
मत मन को भटकने दे कहीं, मन को भी तू साथी बना।।

स्वयं को समत्व में तू ढाल ले, जान ले समत्व योग को।
सभी द्वंद्व को तू त्याग दे, चलने से पहले परलोक को।।

जो समत्व ही को योग जाने, एक रस और शांत रहता।
मान- अपमान, सुख- दु-ख में सदा वह समभाव रखता।।

अनित्यता हर सम्बन्ध की वह जन जान लेता ध्यान से।
सदा खोजता समाधान अपने बुद्धि जन्य विवेक ज्ञान से।।

जो उलझता संसार में और ना समझता कभी खेल को।
बुद्धिशून्य हो जीवन काटता और भूल जाता इष्ट को।।

चाहे मिले कोई साधु- असाधु,विद्वान,ब्राह्मण, चांडाल भी।
योगी आत्म- भाव युक्त होकर करता रहता कर्म भी।।

पार्थ! इंद्रियों को देता दिशा, हमारा आत्मा हर काल में।
पर फिर भी स्वयं निर्लिप्त रहता इंद्रियों के हर काम में।।

❖

योगी का प्रयत्न

योगी भोगी हो नहीं सकता, रोगी का तो प्रश्न कहाँ?
मोक्ष कमाना है उसका धंधा, भोग का तो प्रश्न कहाँ?

मान मिले सम्मान मिले, अक्षय आनन्द का वरदान मिले।
पग- पग पर मिले उसे सफलता, युगों तक पहचान मिले।।

धर्म,अर्थ,काम और मोक्ष का ज्ञान निरन्तर करता जाता।
देव भी पसन्द उसी को करते पुरुषार्थ निरन्तर करता जाता।।

होता यज्ञ- सम जीवन उसका, लोग ऊर्जा पाते जाते।
गौरवशाली- पथ प्रदर्शन से, जीवन सुमन खिलाते जाते।।

सुदीर्घ साधना करते योगी, अपने कर्म और बुद्धि से।
संसार प्रेरणा लेकर चलता, उनके ज्ञान की शुद्धि से।।

भगवान स्वयं रक्षा करते, पावन-पवित्र महापुरुषों की।
क्रियावान निरन्तर रहते, हर क्षण चिन्ता करते जीवों की।।

कल्याणकारी जीवन की जीवित मिसाल बन जीते हैं।
वे प्राणी मात्र की रक्षा हेतु, सहर्ष हलाहल पीते हैं।।

जब सारी दुनिया सोती हो तो वह जाग साधना करता है।
एकांत- शांत स्थान में रहकर, प्रभु की प्रार्थना करता है।।

प्रहरी है वह दुनिया भर का, लोकमंगल में रत रहता।
सब निर्विघ्न नींद पूरी कर लें, इस हेतु सारे तप करता।।

संसार में 'सोता' रहे न कोई, 'जागरण' अभियान चलाता है।
अग्नि सम सब आगे बढ़ लें, सबको 'सन्देश' सुनाता है।।

कहीं गुप्त स्थान में निवास करे, सारा कोलाहल छोड़ चुका।
वह क्षणिक सुख देने वाले-सब विषयों से मुंह मोड़ चुका।।

सबसे अपनापन दिखलाता, पर किसी को अपना ना माने।
वह सबसे कहता तू मेरा है, पर गाता विरक्ति के गाने।।

परिग्रहवादी सोच ना पाले, फिर भी वो मालामाल रहे।
कोष सदा वह भरता जाता,जग में कभी नहीं कंगाल रहे।।

तेज- ओज से पूरित चेहरा सबको सन्देश सुनाता है।
निर्भ्रान्त रहो और शान्त रहो, जीवन उपदेश सुनाता है।।

विषयों से जीवन ज्योति बुझती, निस्तेज मनुष्य हो जाता है।
राह से भटका हुआ 'पथिक' फिर अन्त समय पछताता है।।

योगी कहता- 'ऐ दुनिया वालो!' मैं बात पते की बतलाता।
आश्रय क्यों लेते हो जग का- जब साथ तुम्हारे आश्रयदाता।।

हम ना भटकें, ना अटकें कहीं- जीवन पथ स्वयं प्रशस्त करें।
अटके-भटके जन कहीं मिलें, उनको भी लेकर साथ चलें।।

जिनकी ज्योति बुझती जाती, उनको भी प्रकाश प्रदान करें।
जो भी थक कर हैं बैठ गए, उन्हें हाथ पकड़ ले साथ चलें।।

नहीं झुकने को जीवन कहते, रुकने का नाम नहीं जीवन।
नहीं थमने को जीवन कहते, थकने का नाम नहीं जीवन।।

जीवन नाम निरन्तर बढ़ने का, क्यों थक कर बैठ रहा 'अर्जुन'।
जीते जी तू मरना चाहता है, कुछ तो लज्जा कर 'अर्जुन'।।

❖

ध्यान-विधि

प्रणव जप से ध्यान कर ईश्वर का स्वरूप।
जो योगी ऐसा करें, वही हैं सच्चे भूप।।

विषमता और उद्वेग से, बढ़े समता की ओर।
योगी सच्चा है वही, पाये नभ का छोर।।

आत्मा का यह धर्म है, शांति- समता ध्यान।
प्रसाद भी मिलता हमें, जब होवे आत्मज्ञान।।

साधक अपने आप को बांधे जप की डोर।
माया से दूरी बना, चलता प्रभु की ओर।।

मनवा जप से शांत हो, तजता सारे दोष।
ध्यान में जब मग्न हो, मिले प्रभु की गोद।।

बाह्यःचक्षु बंद हों, खुलें भीतर के द्वार।
मन भीतर थमने लगे, बंद करे व्यापार।।

समत्व में ध्यानस्थ हो, करता निज की खोज।
हर दौलत मिलती उसे, मिले तेज और ओज।।

जो युद्ध में आनंद ले, वही है सच्चा शूर।
है साधना उसकी यही, पाता सच्चा नूर।।

पराजय का आवे नहीं दूर तलक कोई भाव।
शत्रु के संहार का, रहता मन में चाव।।

आलस और प्रमाद से, समत्व भाव हो तंग।
जीवन को यह रोकते, मत कर इनका संग।।

समत्व को सात्विक रखो, आनंद का यही मूल।
जो ऐसा ना कर सके तो फूल बनेंगे शूल।।

सत, रज, तम से दूर हो, मिटे सभी अंधकार।
ध्यान जितना शुद्ध हो, बढ़ते शुद्ध विचार।।

ध्यान में ध्यानस्थ हो, और आसन होवे शुद्ध।
धीरे-धीरे मन बने- शुद्ध, बुद्ध, प्रबुद्ध।।

जब आसन योगी गहे, गर्दन सीधी होय।
शरीर भी सीधा तने, हिले डुले ना कोय।।

नासिका के द्वार का जो है अगला भाग।
उसको देखो ध्यान से, मन न पावे भाग।।

❖

समदर्शी योगी

जिसको न इस संसार की कोई चाह शेष ही रही,
जो कहता रहा हर हाल में जो भी मिला वो ही सही।
चाह मिटी, चिंता मिटी, और शांत किया हो चित्त को,
जो मग्न है प्रभु ध्यान में, योगी तो बस होता वही।।

जो आसक्त हो संसार में, वह योगी हो सकता नहीं,
जो मुंह फेर चुका संसार से वह भोगी हो सकता नहीं।
जो संयमी त्यागी पुरूष, रसना और वासना से दूर हो,
ऐसा तपस्वी धीर साधक, रोगी कभी हो सकता नहीं।।

हजारों में से कोई एक ही चलता है उस राह पर,
वह हिसाब नहीं मांगता सभी कुछ छोड़ता संसार पर।
जो शीश लेकर चल दिया, वह कब किसी से मांगता
वह निज नेत्र करता बंद और ध्यान रखता लक्ष्य पर।।

जो योग की सिद्धि करे, अर्जुन! वही जान पाता है मुझे,
जो भोग में ही लिप्त हो, वह नहीं जान पाता है मुझे।
पार्थ! मैं मूल हूं संसार का, मैं ही प्रलय और अंत हूं,
योगी समझता इस तथ्य को, वही जान पाता है मुझे।।

कुछ भी न परे भगवान से, वही सबमें व्यापक हो रहा,
सबसे उत्तम है वही, सब कुछ उसी से संभव हो रहा।
सनातन बीज सबका ईश्वर, वह तेजस्वियों का तेज है,
उस तेज के भी तेज से, बड़ा तेज परिवर्तन हो रहा।।

जो निज आत्मा का रूप देखे, संसार के हर जीव में,
जो एक ज्योति का ही दर्शन करता संसार के हर जीव में।
जो सबके दुख में होता दुखी और सुख में होता है सुखी,
उसको नहीं कोई तोल सकता, ज्ञान में और दीन में।।

जब दुख नहीं है पसंद मुझको, और किसे पसंद होगा?
दुःख दूर करना हर जीव के, क्यों न मेरा धर्म होगा?
पुरुषार्थ मैं करता रहूं, पर- दुःख निवारण हेतु सदा,
इससे अधिक उत्तम भला यहाँ और कौन सा कर्म होगा?

पार्थ! तू रक्षार्थ धर्मराज की स्वीकार कर ले युद्ध को,
मत कायरों सा कर्म कर, नकार सम्मुख खड़े युद्ध को।
जो भी नकारे युद्ध को, वह कभी वीर हो सकता नहीं,
वीर सच्चा है वही जो एक 'अवसर' समझ ले युद्ध को।।

सर्व व्यापक में दृष्टि से उत्थान

मैत्री का सम्मान करो, कुछ करुणा का भी ध्यान करो।
मुदिता भी अपनाइए समय पर उपेक्षा का बर्ताव करो।।

सुखीजनों को देख कीजिए- प्रेमपूर्ण मित्रता का अनुबंध।
दु:खीजनों को देख कीजिए, करुणा का दया पूर्ण संबंध।।

करते हों जो पुण्य जगत में, उनसे हर्षित हो मिला करो।
पापी जन यदि मिलें कहीं पर, उपेक्षा उनकी किया करो।।

तिरस्कार करना नहीं उचित जो दुखिया कहीं मिलें तुमको।
प्रोत्साहित उन्हें करते रहना, जब पुण्यात्मा मिलें तुमको।।

पापियों से दूर रहो पर, वाणी से मत कड़वा बोलो।
मत मीठे रहो गुड़ जैसे, मत नीम सी कड़वाहट घोलो।।

व्यवहार जगत में सबसे उत्तम, आधार बनाता बढ़ने का।
वाचिक तप को भंग किया तो कारण बनता गिरने का।।

भयंकर युद्ध हुए हैं जग में, व्यवहार की गति बिगड़ने से।
विनाश के बाद लगती सदियां, बिगड़े हालात सुधरने में।।

सब कुछ अनुकूल चले सबके, इस हेतु वाचिक तप करना।
जो भी इसमें बाधा पहुंचाए निसंकोच उसी का वध करना।।

कौरव दल ने दी एक चुनौती, रण क्षेत्र सजाया है आकर।
इनको प्रत्युत्तर देना होगा, हर हथियार युद्ध में आजमाकर।।

जो धर्म छोड़- अधर्म अपनाते, उनसे धरती पर भार बढ़े।
जो अनीति युक्त व्यवहार करें, उनसे धरती पर पाप बढ़े।।

जो अधर्म- अनीति के पोषक हैं उनका संहार उचित होता।
जो धर्म व नीति से प्रेम करें, उनका उद्धार उचित होता।।

मत भय संकोच संदेह करो पापी का विनाश करने में कभी।
धरती का बोझ हल्का करने में कब होता है पाप कभी?

सबमें मुझको- सबको मुझ में जो देखा करता है अर्जुन!
उसका कभी नाश नहीं होता मेरी गहरी बात सुनो अर्जुन!!

ईश्वर को सबमें व्यापक जाने वह पतित कभी नहीं होता है।
चिंतन अजर,अमर अविनाशी का व्यर्थ कभी नहीं होता है।।

जो प्रभु के सुमिरण में चूक करे, वह परमेश्वर को नष्ट करे।
जो उसकी आज्ञा के उलट चले, वह अपना जीवन नष्ट करे।।

❖

रचना और प्रलय

तर्ज : *कह रहा है आसमां कि यह समा...*

रचना भी करता हूँ मैं ही, पालना करता हूँ मैं।
सब चराचर की जगत में प्रलय भी करता हूँ मैं।।

अहंकार वश जिसने किया जीना कठिन संसार का।
ऐसे हर इक दुष्ट जन का संहार भी करता हूँ मैं।।

झोपड़ी जिनकी जलीं महलों से निकली आग से।
फिर उठाता हूँ उन्हें आबाद भी करता हूँ मैं।।

मुंडेर की चिड़िया ने मांगा दाना किसी कंजूस से।
कर दिया उसने मना, भंडार भी भरता हूँ मैं ।।

उजड़ गई हों बस्तियां और टूट गई हों किश्तियाँ।
पतझड़ जहां पसरा हुआ हो वसंत भी करता हूं मैं।।

ज्योति आंखों की गई और कान भी बहरे हुए।
मौन वाणी हो गई तो नव- प्राण भी भरता हूँ मैं।।

गहरे अंधेरे ने कहा- अब प्रकाश तो संभव नहीं।
गहरी निशा के बाद आकर प्रकाश भी करता हूँ मैं।।

संभावनाएं क्षीण होती जा रही हों जब कभी।
दिल की अंधेरी कोठरी में प्रकाश भी करता हूँ मैं।।

जब धैर्य भी टूट जाए साहस भी छोड़े हाथ को।
मित्र सारे भाग जाएं आशा नई भरता हूँ मैं।।

सेना पराजित हो गई और गुलामी ने जकड़ा देश को।
दीपक की मद्धम लौ पड़ी, नया तेल भी भरता हूँ मैं।।

भूमि,अग्नि, वायु,जल, आकाश, मन और बुद्धि भी।
अहंकार की मेरी आठ शक्ति, रचना भी करता हूँ मैं।।

संसार में जड़ और चेतन- दो तत्व दिखलाई पड़ें।
यह दोनों मेरे रूप हैं, नवसृजना भी करता हूं मैं।।

जड़ और चेतन दोनों मिलकर शरीर ईश्वर का बनें।
दर्शन करो इनमें ही मेरे, नवचेतना भरता हूँ मैं।।

चलते-चलते थक गए तो नहीं बैठना किसी हाल में।
लेंगे दम मंजिल पे जाकर, बस हौंसला भरता हूँ मैं।।

जब तलक हैं शेष सांसें, झुकना नहीं किसी मोल भी।
मेरे भक्तों का सम्मान हो, प्रबंध भी करता हूँ मैं।।

❖

ईश्वर की सर्वव्यापकता

जीवन झोंपड़ी जल रही उजड़ रहे हैं सांस।
खांडव वन में पक्षीगण करते शोक विलाप।।

चला चली यहां लग रही गए रंक और भूप।
समय पड़े तुझे जावणा मिट जावें रंग और रूप।।

वह भीतर बैठा कह रहा, क्यों होता बेचैन?
धन-वैभव को भूलकर मुझे भजो दिन-रैन।।

चार दिनों की चांदनी, है फेर अंधेरी रात।
जितनी चाहे लूट ले फिर नहीं मिले सौगात।।

जो भी जगत में दीखता वह सपने का सा खेल।
भोर हुई पंछी उड़े तो बिगड़ गया सब खेल।।

चार कांधे सबको मिलें, है सबसे न्यारी रेल।
टिकट सभी के पास है, अजब जगत का खेल।।

ब्रह्म सभी में दीखता, वही सबमें ओत-प्रोत।
ज्ञानी जन भजते उसे आनंद का वही स्रोत।।

उसकी कृपा के बिना ना चले जगत व्यवहार।
पत्ता तक हिलता नहीं और चले नहीं संसार।।

चला रहा संकेत से पर जाने बिरला कोय।
जाके घट की खुल गई संशय रहा न कोय।।

हे सर्वप्रकाशिन परमात्मा! हम सब हैं अल्पज्ञ।
कृपानाथ कृपा करो, नाथ तुम ही हो सर्वज्ञ।।

मित्र! सखे!! कैसे कहूँ, अपने मन की बात।
सब कुछ ही तू जानता, है मेरे मन की बात।।

किसका कल कैसा रहा, है किसको इसका ज्ञान?
वह भीतर बैठा जानता है सारा उसको ज्ञान।।

सर्वव्यापक को जानकर, भजो लगाकर ध्यान।
रखो भरोसा नाम पर, सबका कृपा- निधान।।

जग में जैसा जिसका रूप है, वैसा ही ले धार।
ढूंढे से भी मिलता नहीं, वह सर्वजीवनाधार।।

ज्योतियों की ज्योति वह, क्यों जलाऊँ ज्योत।
हृदय मन्दिर में जल रही, मनमोहक प्यारी ज्योत।।

अर्जुन! तू भी जान ले, सर्वव्यापक का ज्ञान।
समय पड़े सुख देत है, हरे मोह और अज्ञान।।

❖

सार तत्त्व

तर्ज : *कह रहा है आसमां कि यह समा...*

धुआं दिखाई दे कहीं तो मान लो वहां आग है।
जन मस्ती में गाते दिखें तो मान लो वहां फाग है।।

जल को जीवन मानते सब, उसमें रस भगवान हैं।
जल के बिन जीवन नहीं,जीवन का जल आधार है।।

नाम वासुदेव मेरा मैं प्राणियों में बस रहा।
हृदय में बैठा आत्मा हूँ, मेरा अलग ही ठाट है।।

आदित्यों में विष्णु हूँ मैं ज्योतियों में मैं ही सूर्य।
मरुद-गण में मैं ही हूं मरीचि सर्वत्र मेरा राज है।।

नक्षत्रों में मुझे कहते योगी श्चंद्रमाश बड़े प्यार से।
चांदनी से महक जाता, मैंने लगाया बाग है।।

'सामवेद' वेदों में हूँ मैं और देवों में मैं ही इंद्र हूँ।
इंद्रियों में मन हूँ मैं और सर्वत्र मेरा वास है।।

प्राणियों में 'चेतना' हूँ और रुद्रों में शंकर हूँ मैं।
मेरी चेतना से चेतनित हैं जो भी दिखे संसार में।।

हैं परमात्मा के नाम सारे कृष्ण गिनाते जा रहे।
अर्जुन की ग्रंथि खोलने को दिया यह व्याख्यान है।।

श्रीकृष्ण बोले- सुन ले, अर्जुन! तू पूरी मेरी बात को।
सार क्या है सृष्टि का, तुझे इस पर लगाना ध्यान है।।

राक्षसों में कुबेर हूँ मैं वसुओं में हूँ अग्नि बना।
पर्वतों में मेरु मैं हूँ, सबका मुझ में वास है।।

'बृहस्पति' मुझको समझ जितने पुरोहित विश्व के।
सेनाधिकारी 'स्कंद' मैं हूँ, करता जग विश्वास है।।

जलाशयों में मैं समुद्र माना, हैं जितने योगी विश्व के।
ऋषियों में भृगु कहाता, मेरा ओ३म प्यारा नाम है।।

यज्ञों में जप- यज्ञ हूँ मैं, हिमालय भी मुझको कहा।
सब वृक्षों में पीपल बताया, मेरे लिए जो खास है।।

❖

गुण-धर्म : ईश्वर का स्वरुप

जन्म मृत्यु से है परे अवतार ना उसका होय।
गीता ऐसा कह रही जाने सो पंडित होय।।

बाह्यःचक्षु ना देखते ईश्वर के रंग रूप।
सर्व-व्यापक परमात्मा, है सारे जग का भूप।।

निराकार परमात्मा दूर रहे और पास।
नहीं दीखता है कभी भजन से हो आभास।।

हे अर्जुन! तू जानना यदि चाहता जगदीश।
अपने हिय में झांक ले, श्रद्धा से झुकाकर शीश।।

हिय में रहती आत्मा और वहीं मिलें जगदीश।
बाहर क्यों भटका फिरे देख नवाकर शीश।।

सर्व-व्यापक परमात्मा ही चला रहा संसार।
यंत्र के सम सब घूमते, वह सबका पालनहार।।

सर्व-व्यापक जगदीश की शरण में ले आनंद।
शाश्वत सुख-शांति मिले, वही है करुणा-कंद।।

आंखों बीच लगाओ ध्यान को करके प्राणायाम।
ओ३म का जप करते रहो मिल जाएंगे भगवान।।

ओ३म ही है ब्रह्म अर्जुन! ओ३म ही उसका नाम।
सभी ऋषि गाते रहे, हैं जिसको सुबह शाम।।

जो भी उसका जप करे वह परम गति को पाय।
मृत्यु बंधन से बचे उसे मिले मोक्ष का धाम।।

यज्ञ - अग्निहोत्र को पवित्र कर्म कहे वेद।
ईश वाणी वेद है और उसका अटल आदेश ।।

श्री कृष्ण जी वेद के, बोल रहे अनुकूल।
वह उनकी वाणी नहीं जहां शब्द हुए प्रतिकूल।।

वेद का मत है यह- भूमि ब्रह्म के पाँव।
आकाश जिसका है उदर, मांगो ब्रह्म की छांव।।

द्युलोक सिर है ब्रह्म का इस रूपक का करो ध्यान।
ऐसा नक्शा खींच कर, हो ब्रह्म का पूरा ज्ञान।।

शरीर जिसका है नहीं, वह भी रखे शरीर।
रूपक से समझा दिया, समझे कोई गंभीर।।

❖

बौद्धिक उत्कृष्टता

जहां-जहां 'विभूति' है जग में और दिखा करती 'श्री' कहीं,
वह बनकर 'अंश' मेरे 'तेज' का, मानो जग में चमक रही।
मैं अपने तेज के कारण अर्जुन! जगत को धारण किए रहूं,
यह सृष्टि-नियम-अनुकूल बात है मानस में मेरे दमक रही।।

जो भी सृष्टि में दिख रहा उसे भगवान की विभूति कहते हैं,
प्राचीन काल से ऋषिगण उसको सादर 'अनंत' कहते हैं।
सृष्टि की सीमा होने से इसको तो 'सान्त' बताया गया,
उस 'अनंत' की झलक सृष्टि में-ज्ञानी जन देखा करते हैं।।

कृष्ण ने दिव्य-दृष्टि देकर अर्जुन का था उत्कर्ष किया,
'बौद्धिक' पिलाया अर्जुन को, उसके मन में भर हर्ष दिया।
भगवान का भक्त बनाया अर्जुन और जीवन का बोध दिया,
'विभूति दर्शन' करवा कर, उसे रण हेतु तैयार सहर्ष किया।।

भगवान की विलक्षण शक्ति को आदर से 'विभूति' कहते हैं,
उसकी 'विभूति' का अंत नहीं - ज्ञानी जन ऐसा कहते हैं।
जिनके भीतर विलक्षण शक्ति होती वे महापुरुष कहलाते हैं,
अपनी विलक्षण शक्ति से वे जग में अपना स्थान बनाते हैं।।

जिनकी पूजा जग करता वह विभूति संपन्न हुआ करते,
शंकर, गणेश, विष्णु की जग में हम इसीलिए पूजा करते।
हमने हर कंकर में 'शंकर' माना, उसका भी सम्मान किया,
जहां-जहां 'विभूति' को पहचाना- हम उसका वंदन करते।।

जड़पूजा करना ठीक नहीं पर विभूति-सम्मान करो मन से,
करके अंतर दोनों में, फिर निराकार का भजन करो मन से।
किसने रोका उन कदमों को जग में जो मंजिल की ओर बढ़े,
अपनी ही 'विभूति' को समझो, रगड़ो उसको गहरे मन से।।

अर्जुन! उन्नत जीवन करने हेतु, तुम करो साधना ईश्वर की,
है तेरे पास विलक्षण शक्ति, दे भ्रान्ति मिटा अपने मन की।
जो ना अपने को जान सका, कर पाया नहीं कुछ भी जग में,
वही मानव कुछ कर पाता है, जो समझे विभूति ईश्वर की।।

❖

परमेश्वर की विलक्षण शक्ति

आर्त्त लोग भजते ईश्वर को, जिज्ञासु भी उसका यजन करें,
अर्थी अर्थात कामना वाला भी उसका नियम से भजन करे।
ज्ञानी भी उसको भजता है, पर उसका भजन सबसे उत्तम,
परमात्मा है सब कुछ जग में- वह ऐसा मानकर भजन करे।।

ब्रह्म प्रकृति में रहकर भी प्रकृति से रहता दूर सदा,
अर्थी जन समझ नहीं पाते जड़ पूजा में भटकते रहते सदा।
आर्त्त लोग भी उसके सही रूप को कभी नहीं समझ पाते,
ज्ञानी जन उसको सही समझें, कर पाते सच्ची भक्ति सदा।।

हमारा आत्मा 'अहंकार' के साथ लगता मिलन को है आतुर,
अहंकार से दूर करें इसको, ऐसा लक्ष्य बनाता मानव चतुर।
जब प्रकृति से दूर रहे आत्मा तो संबंध बनाती है अज से,
आता आनंद अतुलित उसको, अनादि सत्ता से जुड़ कर।।

जब कोई अनादि सत्ता को, साधना के बल पर पा जाता,
तब गीता के रहस्य पर वह अपना अधिकार जमा पाता।
गाये गीत ज्ञानी गीता के और गा-गाकर ज्ञान में रमण करे,
गीतों के गायन से ध्यान बढ़े, फिर जीवन को सफल करे।।

सत्ता अर्थात अस्तित्व अपने शुद्ध रूप में होती 'अस्ति' है,
श्सत्ताश से 'बनने' के रूप में आने लगे तो होती ये 'भवति' है।
होता 'अस्ति' का 'भवति' रूप 'विभूति' है राज गहरा इसका,
मिट्टी 'अस्ति' है मटका 'भवति', जो बना वही 'विभूति' है।।

सूर्य, चंद्रमा और हिमालय- हैं विलक्षण शक्ति विधाता की,
इनमें झलक मिल जाती मन को अनुपम विश्व विधाता की।
इनकी झांकी से खुश होकर मन, कुछ अनुमान लगाता है,
ये झांकी मन को बतलातीं, है डगर कौन सी विधाता की?

यह 'सान्त' दिखाई देती हैं, पर संबंधी हैं अखिलेश्वर की,
यह 'अनंत' के साथ बंधी रहतीं, देतीं सूचना जगदीश्वर की।
ये परत खोलतीं उस महानायक की जिसने सारा जगत रचा,
मन इनसे पता लगा लेता, शक्ति कैसी है परमेश्वर की?

अध्यात्म ज्ञान की आवश्यकता

आनंद यदि पाना है तो भगवान की भक्ति करते चलो।
जो भी मिले दीन दुखी जग में सबकी पीड़ा को हरते चलो।।

सम्मान मिले-अपमान मिले मत ध्यान लगाओ इसमें कभी।
भगवान की देन समझ करके, संतोष मनाओ उसमें सभी।।
दो दिन का जग का मेला है, बस धर्म पुण्य ही करते चलो...
आनंद यदि पाना है तो भगवान की भक्ति करते चलो...

जब तक स्वांसों में स्वांस रहे, जीवन की उत्तम आस रहे।
जीवन की उत्तम खेती में मिली ओ३म नाम की खाद रहे।।
जब तक जग में रहने आए ओ३म नाम के मोती चुनते रहो...
आनंद यदि पाना है तो भगवान की भक्ति करते चलो...

जो लोग जपा करते हैं, उसे मृत्यु-बंधन से छूटन को।
अनमोल संपदा पाने को और हीरे-मोती भी लूटन को।।
वही छूटते मृत्यु-बंधन से, चिंतन उनका भी करते चलो...
आनंद यदि पाना है तो भगवान की भक्ति करते चलो...

जिनकी इच्छा है जरा-मृत्यु से मेरी मुक्ति हो जाए।
मुझे भव-बंधन से मुक्ति मिले हर मौज किनारा हो जाए।।
उनकी इस न्यारी मस्ती को हृदय में अपने धरते चलो...
आनंद यदि पाना है तो भगवान की भक्ति करते चलो...

हर दिन की दोनों संध्या में उस ब्रह्म का ध्यान लगाया करो।
जिसने हमें जग में भेजा है, कुछ बातें उससे किया करो।।
जिसने स्वांसों का साज दिया निःस्वार्थ मित्रता करते चलो...
आनंद यदि पाना है तो भगवान की भक्ति करते चलो...

मृत्यु बंधन से छूटन को जो उस ब्रह्म का ध्यान लगाते हैं।
उन पर आनंद बरसता है और परब्रह्म को भी पा जाते हैं।।
गीता में जो कृष्ण कहते उसका अभिनंदन करते चलो...
आनंद यदि पाना है तो भगवान की भक्ति करते चलो...

❖

अन्तकाल में ईश्वर चिंतन

मन-वचन-कर्म के द्वारा जो आचरण पर ध्यान दिया करते।
आत्मबोध उन्हें हो जाता है, सब उनको ही योगी कहा करते।।

'धर्म-मेध' समाधि के द्वारा 'ब्रह्म-बोध' उन्हें हो जाता है।
रोग-शोक-भोग जितने जग के, छुटकारा भी मिल जाता है।।

योगज-विभूति पाने से, आ जाती दिव्यता जीवन में।
नहीं क्लेश-शेष कोई रहता शांति छा जाती जीवन में।।

जब जीवन भक्तिमय होता तो खड़ा दूर बुढ़ापा रोता है।
मैं अपना खेल दिखा न सका, दुःख भारी उसको होता है।।

जीवन की सुंदर खेती में जब सर्वत्र ओ३म की फसल उगे।
तब समझो जीवन सुधर रहा और मनहंसा बैठा मोती चुगे।।

मनहंसा जब धनवान बने, और ढेर लगा ले हीरों का।
तब आत्मा को आनंद मिले और स्वामी बन जाए हीरों का।।

जो 'ओ३म' नाम के हीरों का व्यापारी बन व्यापार करे।
वह शांति से चोला धरता और सहज नया स्वीकार करे।।

जो अंत समय में ओ३म नाम का सिमरन करते हुए जाता है।
इसमें कुछ संशय नहीं अर्जुन! वह मुक्तिधाम पा जाता है।।

मुक्ति होती है मानव की जब हर क्षण बीते सिमरण में।
उनकी मुक्ति नहीं हो पाती जो व्यसन पालते जीवन में।।

व्यसनों को चुनते चलो सदा और दूर किनारा करते चलो।
जीवन की सुंदर खेती में, खेती भी सुंदर करते चलो।।

जब गर्मी आने लगती है तो खेती भी पकने लगती है।
जैसी फसल तैयार करी, अब वैसी ही कटने लगती है।।

जिसने जीवन के हर क्षण को उसके सिमरण में बिताया हो।
खेती बढ़िया उसकी कटती, जिसने मन उसमें लगाया हो।।

जो अभ्यास बनाए रखता है, उस अभ्यासी का क्या कहना?
वही हीरों का स्वामी बनता और बन जाता धरती का गहना।।

यदि परमधाम को पाना है तो करते चलो और भजते चलो।
उसकी कृपा निश्चय होती, हर क्षण में उसको जपते चलो।।

कृष्ण बोले –'अर्जुन! तू क्यों बस अंत काल की ही सोच रहा?'
अंतकाल तो हर क्षण है, तू कर क्यों उल्टी खोज रहा?

सुधार तू अपने इस क्षण को जिसमें तू मोह में फंसा हुआ।
जीवन सुंदर उसका बनता जो हर क्षण को है संभाले हुआ।।

बूंद-बूंद से भरता सागर और क्षण- क्षण से बनता जीवन।
हर क्षण मुक्ति का करो यतन यदि अनमोल बनाना है जीवन।।

❖

सब काल में ईश्वर का स्मरण

भगवान की भक्ति कर अर्जुन यदि जीत युद्ध में है पानी।
यदि भूल गया जगदीश्वर को तो व्यर्थ जाएगी जिंदगानी।।

जिसने तुझको है जन्म दिया उसको भी तूने वचन दिया।
मुझे धर्म का पालन करना है जिसके लिए तूने जन्म दिया।।
तू अपने वचनों को भूल रहा, है कौन बता तेरा सानी...
भगवान की भक्ति कर अर्जुन यदि जीत युद्ध में है पानी...

समाज समृद्ध, पुष्ट होवे और धन-धान्य से भी भरपूर रहे।
उसके लिए सबको उठना होता, समाज व्यसन से दूर रहे।।
ऐसा वेदों ने कथन किया, तू ध्यान से सुन उनकी वाणी...
भगवान की भक्ति कर अर्जुन यदि जीत युद्ध में है पानी...

उपनिषद भी ऐसा कहते- 'उठो! जागो! और लक्ष्य भेदो।'
जब तक ना लक्ष्य भेद पाओ तब तक ना शान्त कभी बैठो।।
जो थककर पीछे हटते हैं उन्हें मिलती नहीं कोई राजधानी...
भगवान की भक्ति कर अर्जुन यदि जीत युद्ध में है पानी...

सैनिक- समुदाय बनाने का उपदेश वेद करता आया।
लोहमय कर नगरों- दुर्गों को हमको सुदृढ़ करता आया।।
जनमत अपने अनुकूल बना और छोड़ शरारत बचकानी...
भगवान की भक्ति कर अर्जुन यदि जीत युद्ध में है पानी...

तू प्रजा का कवच है अपनी का इसको क्यों मन से भूल रहा।
तेरे सब तेरे साथ खड़े, क्यों शत्रु का चिंतन करने लगा।।
तू मुझ में ध्यान लगा अर्जुन, और युद्ध की कर ले तैयारी...
भगवान की भक्ति कर अर्जुन यदि जीत युद्ध में है पानी...

भगवान को सुमरण करते हुए, तू युद्ध क्षेत्र में उतर सखे!
ब्रह्म देख हर क्रिया में, तुझे मिलनी निश्चय जीत सखे!!
मत युद्ध क्षेत्र से भाग सखे! नहीं, मुंह पर कालिख पुत जानी...
भगवान की भक्ति कर अर्जुन यदि जीत युद्ध में है पानी...

❖

योग धारणा

योग धारणा से होती है मन की शुद्धि, चित्त विमल,
योग साधना वाला मानव नहीं हो सकता कभी विकल।
ऋतगामी वह हो जाता है और कंटकरहित मार्ग बने,
अभय ज्योति उसको मिल जाती बुद्धि होती है निर्मल।।

सबको बसेरा देने वाले परमपिता करते हैं दया,
मंगल कामना पूरी करते और करते कदम-कदम रक्षा।
वह प्रकाशकों का प्रकाशक और दुर्गुण घातक परमेश्वर,
योगी का रक्षक बन जाता और करता है अमृत-वर्षा।।

धर्मसुशिक्षक, अधर्मनिवारक और प्रीतिसाधक परमेश्वर,
उसका हाथ पकड़ चलते हैं ऐसे दयालु जगदीश्वर।
अनुत्साहविदारक ईश्वर का जब साथ मिलता जीवन में,
तब आनंद की वर्षा होती है खुशियां छा जाती हैं घर पर।।

प्रभु की प्रेमसनी गोदी में, सौभाग्य से आसन मिलता है,
जिसको भी मिल जाता है वह कमल की भांति खिलता है।
जैसे पुत्र के लिए पिता है, सरलता से है अति सुगम,
वैसे ही योगी से आकर, पिता परमेश्वर मिलता है।।

सब द्वारों का संयम करके, योगी निज आसन पर बैठे,
मन को हृदय में रोके और सिर में ही प्राण चढ़ा बैठे।
ऐसी योग- साधना वाला जन सच्चा योगी होता है,
त्याग- तपस्या उसकी देख, संसार मौन हो आ बैठे।।

कभी कठोर- कभी कोमल बनना पड़ जाता जीवन में,
विजय आकांक्षी बन करो आक्रमण पहले शत्रु पर रण में।
नीति यही कहती है अर्जुन! है हथियार फेंकना कायरता,
नीति के अनुसार खड़ा हो, हथियार उठा ले, तू रण में।।

युद्ध योग में डूब जा अर्जुन! क्यों करता अब देरी है?
मूढ़- मति तू रहा कभी ना, बड़ी बुद्धि निर्मल तेरी है।
जो तू होता मूढ़मति तो मैं भी ना कुछ कहता तुझसे,
युद्ध योग का योगी है तू कह रही ऐसा मति मेरी है।।

❖

ज्ञान का रहस्य

कान सुनना चाहे नहीं, नाक दे क्रिया छोड़।
रसना चखना छोड़कर, लेवे मुखड़ा मोड़।।

बोले से भी बोले नहीं, मेरी जिह्वा ऐसी होय।
स्पर्श छूना छोड़ दे, और पैर भी निश्चल होय।।

हाथ पकड़ना छोड़ दे, और काम विदा हो जाय।
हृष्ट-पुष्ट हों इंद्रियां पर काम से दूर हो जाएं।।

चित्त की वृत्ति जब शांत हो तभी सफल हो योग।
चित्त निरन्तर निर्मल रहे और दूर भगें सब रोग।।

अर्जुन! सुन- उस ज्ञान को, जो है योगी के योग्य।
उसी ज्ञान से मन निर्मल बने और हो भगवन के योग्य।।

विज्ञान सहित वह ज्ञान है, जो करता है कल्याण।
सुनाकर ज्ञानी जन गए और तू भी सुन धर ध्यान।।

विज्ञान का अर्थ अध्यात्म से, ज्ञान का अर्थ सामान्य।
ज्ञानी जन यही मानते और रहें अछूते अन्य।।

'राजसूय' वह क्षत्रिय करे, है जिसे राज की चाह।
भगवान का प्यारा बन रहे, हरे सभी की 'आह'।।

संसार-असार आया समझ वह करते ब्रह्म का यज्ञ।
सब को अपने वश करें, जीवन को बनाते यज्ञ।।

ओजस्वी जन होते वही, जो करें अपने को होम।
रोम- रोम कहता रहे, हर पल ओ३म ही ओ३म।।

बुद्धि जिसकी सारथी और मन हो जाए लगाम।
'विष्णु' पद पाता वही, और मिलता मुक्तिधाम।।

आवागमन से छूटकर वह जीवन मुक्त हो जाय।
सब का वह आदर्श हो, और योग सफल हो जाय।।

चाह-चिंता से मुक्त हो, जब चित्त चैन में जाय।
तब समझो जीवन सफल और सफल योग हो जाय।।

जगत-झमेला छोड़कर और जो पाता परमानन्द।
तब उसके चारों ओर ही जाता बिखर आनंद।।

अर्जुन! ऐसी संपदा, सौभाग्य से ही मिल पाय।
जिसको चस्का इसका लगा, ना कभी छोड़ने पाय।।

❖

अहं पदार्थ

मानव मर्त्य हैं जग में, आते और चले जाते।
अमर्त्य तो केवल ईश्वर है सब गीत उसी के गाते।।

ज्ञानी जन कहें हमको कीर्ति की ना इच्छा है।
उन्नति में बाधक होती है, कथन ऋषियों का सच्चा है।।

जितने भर भी हुए महात्मा, सबकी इच्छा एक रही।
हम आत्मतत्व की खोज करें, ईश्वर में सच्ची टेक रही।।

सब ज्ञानों की खान है ईश्वर, चिरकाल से हम सुनते आए।
विद्वान उत्सव और यज्ञ में, भगवान को ही भजते आए।।

निरीक्षण किया जिसने जगती का, वो ही भक्ति में डूबा।
निर्माण विधान समझ ईश्वर का, बस उसका ही हो बैठा।।

जब जब विकट संकट आते और व्याकुल मानव मन होता।
भगवान ही दूर करे संकट को प्रफुल्लित मानव मन होता।।

खुशियों की सौगात लिए भगवान हमारे साथ रहे।
हम देखें या ना देख सकें, पर उसका हम पर हाथ रहे।।

वास सभी में परमेश्वर का,जितने भी जग के प्राणी हैं।
एक ओंकार ही पालक सबका जितने भी जग के प्राणी हैं।।

वही यज्ञ है, वही स्वाहा, वही माता-पिता और श्रद्धा भी।
वही है धाता, वही ओंकार, वही भर्त्ता और है स्वधा भी।।

उत्पत्ति, स्थिति, प्रलय, का बीज वही परमेश्वर है।
कहां ढूंढने जाऊं उसको, प्रत्यक्ष ब्रह्म परमेश्वर है।।

वह इतना प्रत्यक्ष होकर के भी, ना हमें दिखाई देता है।
सर्वत्र उसी का वास जगत में, छुपकर सबकी सुध लेता है।।

जो उसको देखें कण-कण में, वह भेदभाव से मुक्त रहें।
सब में वह और सब उसमें हैं- इस भाव से सारे युक्त रहें।।

सब पर दया करें परमेश्वर, चाहे दुराचारी हो या हो पापी।
मोक्ष के द्वार खुले हैं सबको, अत्याचारी हो या हो कामी।।

जिसको परमेश्वर दिखता नहीं, वह ज्ञानी नहीं अज्ञानी है।
जिसके भीतर के नेत्र खुले, जग में सच्चा वही ज्ञानी है।।

❖

सब कुछ ईश्वर को सौंप दो

सर्वस्व समर्पित कर दो उसको जिसने सर्वस्व दिया तुमको।
सबका स्वामी वहीं एक विधाता जिसने सर्वस्व दिया तुमको।।

उसे हृदय से हृदय में पाओ सहर्ष समर्पित करके सब कुछ।
गोदी में उसकी बैठो जाकर छोड़ झमेला जग का सब कुछ।।

भगवान के ज्ञान-ध्यान का साधन, यह मानव देह बताई है।
जन्म-जन्म के शुभ कर्मों से,जाकर हम सबने यह पाई है।।

प्रयोजन इस संसार का केवल निज जीवन की उन्नति करना।
जिस हेतु से है संसार रचा उस हेतु को निज ध्यान में रखना।।

अर्जुन! खोल गांठ हृदय की अपने, मिटा डाल सारे संशय।
जब तक संशय हैं हृदय में, तब तक जीत नहीं निश्चय।।

उस परावर के दर्शन कर ले, जो साथ तेरे हर- पल रहता।
मत भूल कभी उस प्रियतम को,जो आर्यपुत्र तुझको कहता।।

भगवान को इंद्र, मित्र, वरुण कहते वह सबका रक्षक होता है।
उसका सच्चा भक्त सदा दमन और दलन का भक्षक होता है।।

क्षत्रिय होकर जो दमन- दलन को, मौन होकर सहता रहता।
वह कुछ भी हो चाहे जग में पर क्षत्रिय कभी नहीं हो सकता।।

जो भी आवाज लगाता है- 'मैं पाप कभी नहीं होने दूंगा।'
संपूर्ण जगत के मानव दल को ना कभी दमन से रोने दूंगा।।

जो भी ऐसा जीवन धारें, वह सफल-सार्थक जीवन होता।
वह कभी नहीं, जिसके रहते-मानव दल आंसू से रोता।।

अर्जुन! जो भी कुछ तू काम करे, कुछ खाए, या होम करे।
चाहे जग में रहकर करे साधना, चाहे कुछ तू दान करे।।

अहम का मत भाव जगा, यदि जागे तो उसे दूर भगा।
जीवन को निश्छल निष्पाप बना, मत आने दे हृदय में दगा।।

दगा भाव से जिन लोगों ने,है संसार चक्र में व्यवधान किया।
तुझसे पहले भी वीरों ने निश्चय उनका शर-संधान किया।।

लज्जित मानवता को किया जिसने वह जीने के ना योग्य रहा।
जो समाज- धर्म को छोड़ चले, वह मरने के हो योग्य चला।।

अर्जुन! जितने भर भी यहां लोग खड़े, हैं मरने को तैयार खड़े।
शोभित नहीं तुझे हथियार फेंकना, जब शत्रु दल मैदान खड़े।।

❖

वह विभूति में प्रकट होता है

अमृतमय जीवन जीने की गीता शिक्षा हमको देती।
त्रिगुणातीत रहो जीवन में- अनुपम संदेश हमको देती।।

पृथक स्वयं को प्रकृति से मानो, जीवन का श्रंगार करो।
विशुद्ध रूप में आकर अपने, आत्मा का परिष्कार करो।।

श्री राम को गीता ने माना परम प्रतापी क्षत्रिय वीर पुरुष।
गीता ने ऐसा नहीं कहा, श्रीराम हैं- परमेश्वर परमपुरुष।।

गंगा को सम्मान दिया गीता ने, कारण विशेष है इसका भी।
प्राणी मात्र का कल्याण करे क्यों न आदर हो इसका भी?

प्रतापियों में प्रतापी श्रीराम हुए, जो हैं विभूति ईश्वर की।
विभूति हमको दिखलाती हैं, दिव्य-छटा उस ईश्वर की।।

जहां ऊंचाई दीखे तुमको, वहां समझो कोई विभूति है।
गीता से हमें पता चलता हिमालय भी एक विभूति है।।

सागर में हमें गहराई मिलती, अतः वह भी एक विभूति है।
जहां विस्तार अंत पा जाए समझो वह भी एक विभूति है।।

प्रत्येक पराकाष्ठा में समझो, परमेश्वर का साक्षात हुआ।
विभूति के खेल को जानो, मानो सब कुछ साफ हुआ।।

परमेश्वर का कोई रूप नहीं, वह विभूति में प्रकट होता है।
वह अजर अमर अंतर्यामी, पराकाष्ठा में प्रकट होता है।।

मानव चोले को पाकर अर्जुन! परमेश्वर का अनुसंधान करो।
मानवता के शत्रु का निश्चय- निर्भय हो शर-संधान करो।।

वह अंतर्यामी कण कण में है, पर नहीं दिखाई पड़ता है।
संसार के ज्ञानी मानव को वह सर्वत्र दिखाई पड़ता है।।

ज्योति प्रकाश वालों में विभूति- सूरज में दिखाई पड़ती है।
सूरज की इस विभूति में ईश्वर की झलक दिखाई पड़ती है।।

❖

जाग आज के अर्जुन तू भी...

गीता ने अर्जुन को जगाया दिया अलौकिक अद्भुत ज्ञान,
जाग आज के 'अर्जुन' तू भी, क्यों सोता है चादर तान?

आज फिर से परीक्षा तेरी होगी, बोल रहा है हिंदुस्तान,
शत्रु दल फिर खड़ा सामने, भरा हुआ है सब मैदान।
युद्ध-भूमि में पीठ फेरना, नहीं रही तेरी पहचान,
वीरों सी हुँकार भरो, और ठोको शत्रु- छाती तान।।

प्राणिमात्र में श्रेष्ठ है मानव, वेदों ने ऐसा बतलाया,
उन्नति के जितने साधन हैं, सब में संपन्न बनाया,
अन्य प्राणी को नहीं दिए, यह सबसे श्रेष्ठ बनाया,
सोच समझने की शक्ति दी, मार्ग सही समझाया।
ज्ञान- विज्ञान दिया बुद्धि में, है सबसे उत्तम बुद्धिमान...
गीता ने अर्जुन को जगाया दिया अलौकिक अद्भुत ज्ञान,
जाग आज के 'अर्जुन' तू भी, क्यों सोता है चादर तान?

अपनी-अपनी मुक्ति करना यह कोई अच्छी बात नहीं,
मुक्ति की युक्ति खोजो सबकी, इससे उत्तम बात नहीं,
ज्ञान जागरण हुआ यदि तो फिर होती है रात नहीं,
'अमृत- पुत्र' हो तुम ईश्वर के,यह कोई छोटी बात नहीं।

सबसे उत्तम तुम्हें बनाया, मानो ईश्वर का एहसान...
गीता ने अर्जुन को जगाया दिया अलौकिक अद्‌भुत ज्ञान,
जाग आज के 'अर्जुन' तू भी, क्यों सोता है चादर तान?

जब-जब जीवन से भटकेगा और धर्म से होगा दूर,
तब-तब रण का साज सजेगा, जो होता है बड़ा क्रूर,
रण क्षेत्र है जीवन भी एक, रोमांच भरा इसमें भरपूर,
जाता जो भी जीत इसे, कहलाता है वह सच्चा शूर।
कितने दुष्ट दुराचारी हैं, सबको एक 'चुनौती' मान...
गीता ने अर्जुन को जगाया, दिया अलौकिक अद्‌भुत ज्ञान,
जाग आज के 'अर्जुन' तू भी, क्यों सोता है चादर तान?

❖

ब्रह्म क्या, अध्यात्म क्या?

'योग-माया' से मैं ढक रहा, जान सके ना कोय।
'अज'-'अव्यय' उस ईश को पहचान सके ना कोय।।

मैं उन सब को जानता, जो होकर नहीं रहे आज।
जो होंगे उन्हें जानता और जो बने हुए हैं आज।।

मेरा ध्यान करते नहीं बस करते रहें उत्पात।
विषय-भोग उन्हें खा रहे, ना दिन देखें ना रात।।

जीवन-चक्र चलता रहे, यह इच्छा सबकी होय।
मेरी इच्छाएं सब पूर्ण हों, और बाधा बने न कोय।।

'इच्छा' से सुख उत्पन्न हो, 'द्वेष' से दुख का विकास।
यदि निकल सका नहीं द्वन्द्व से तो निश्चय जान विनाश।।

ब्रह्म क्या? अध्यात्म क्या? और कर्म का क्या सार।
मधुसूदन! मुझको बता, तू अधिभूत का राज।।

ब्रह्म रहता भूमि में और धरती उसका रूप।
जाने ना धरती उसे वह तो भूपों का है भूप।।

श्री कृष्ण जी दे रहे, सही वेदों का उपदेश।
समझ रहा है पार्थ भी, क्या उनका संदेश।।

मेरे आश्रय से टिके, सब धरती और आकाश।
जो मुझ को सही जानता, मैं हूँ उसके पास।।

ब्रह्म के नियम चलें, चाहे धरती हो द्युलोक।
उसके नियम सत्य को भला कौन सका है रोक।।

भजन करे से ब्रह्म मिलें, है यही जगत की रीत।
जगत झमेला छोड़ कर बस, करो प्रभु से प्रीत।।

ध्यान-योग से ही मिले, प्रभु का रूप अनंत।
अनंत उसकी है गति, पाये साधु या संत।।

माया-प्रेमी जीव के हैं स्वामी दयानिधान।
करुणामय प्रभु करें, सबकी नैया पार।।

चार वेद छह शास्त्र में एक ही मिली आवाज।
परमपिता ही बजा रहे, भीतर बैठे साज।।

ईश्वर के गुणगान से मिटें, कष्ट और क्लेश।
जीवन नैया पार हो और पहुंचे अपने देश।।

❖

मैं सभी में रम रहा हूँ

तर्ज : *कह रहा है आसमाँ...*

मैं सभी में रम रहा हूँ और सबमें मेरा वास है।
नजर ना आता हर किसी को, ज्ञानी ही मेरा खास है।।

जिनके जीवन में मुझे अनुराग खुद से है दीखता।
सच बताऊं तुझको अर्जुन! उस भक्त में मेरा भाव है।।

कपिल मुनि सिद्धों में मैं हूँ, उच्चैःश्रवा घोड़ों में हूँ।
'ऐरावत' मैं इंद्र का, सब सुख-संपदा मेरे पास है।।

देव ऋषि नारद भी मैं हूँ, रखता खबर हर-लोक की।
गंधर्वों में मैं चित्ररथ हूँ, मेरी यही पहचान है।।

कामधेनु गाय मैं हूँ, मैं ही 'वासुकि' और 'वज्र' हूँ।
काम का मैं देवता हूँ, सुन! मेरा यही पैगाम है।।

नागों में मैं ही 'शेष' हूँ, और दैत्यों में प्रहलाद हूँ।
'अर्यमा', 'नियम', 'वरुण', और 'यम' भी मेरा नाम है।।

'काल' भी मुझको ही समझो, 'सिंह' और मैं ही 'गरुड़'।
'पवन' मेरा नाम प्यारा, देता सभी को प्राण है।।

ब्रह्म होता यज्ञ का और ब्रह्म ही खुद यज्ञ है।
जिसने समझा राज गहरा उस पर पिता का हाथ है।।

जो भी चराचर इस जगत में हम सभी को दीखता।
उन सभी का बीज मैं हूँ, मेरा यही तुझे सार है।।

जो त्याग करता पाप का और पुण्यों में रत होकर रहे।
प्रभु शरण देते उसे जो मन से अपने साफ है।।

देखते संसार को जो अनुराग से हटकर सदा।
कृपा उन पर मेरी होती, और मिलता मेरा प्यार है।।

दीन-बंधु दुःख का हर्त्ता, दुष्टों का करता दलन।
जिसका कोई आज तक, ना पा सका कोई पार है।।

उपकार करते हैं जो अर्जुन! सीधे चलें संसार में।
सत्कर्म करते रहते जग में, वही पाते मेरा पार हैं।।

मूल गीता में कहीं भी, ना दिया यह खोल कर।
बाद में ही दे दिया, इसको कहीं विस्तार है।।

❖

अकर्मण्यता को लात मारी

थी वेदों में श्रद्धा कृष्ण की, यह गीता बतलाती हमें।
वेदों में सामवेद 'मैं' हूँ- कृष्ण का कथन बतलाती हमें।।

जीवन था उनका वेदमय, सब वेद उन्हें कंठस्थ थे।
वेद के उपदेश और संदेश सब कृष्ण के हृदयस्थ थे।।

ना किया कोई आचरण, जो वेद के प्रतिकूल हो।
संकल्प ले जीवन बिताया, जो वेद के अनुकूल हो।।

मत मानिये संभव कभी, चलेगी उल्टी गीता वेद के।
ऋषियों ने समर्पित होके मन से गाए गीत वेद के।।

संदीपन ऋषि के पास जाकर, शिक्षा ग्रहण की कृष्ण ने।
ब्रह्मचर्य-व्रत धारकर, शिक्षा पूर्ण की थी कृष्ण ने।।

वैदिक दृष्टिकोण हमारा ही विज्ञान के अनुकूल है।
दिया ज्ञान संदीपन ने वही जो विज्ञान के अनुकूल है।।

कब विज्ञान के सिद्धांत का उपहास कृष्ण ने किया?
कहां वेद के सिद्धांत का कहीं त्रास कृष्ण ने किया?

जो भी किया सब वेद से आदेश लेकर ही किया।
वेद से उपदेश लेकर था संसार का कल्याण किया।।

अकर्मण्यता को लात मारी पुरुषार्थ को दी प्रधानता।
दूर किया आलस्य को, दी हमें वीरता की सभ्यता।।

था जो भी किया- वीरता और शौर्य के अनुकूल ही।
सिद्धांत उनके थे सभी, विज्ञान के अनुकूल भी।।

थे वेद प्रतिकूल मत जितने भी प्रचलित देश में।
खंडन किया गीता ने उनका, फूंका बिगुल देश में।।

पाखण्ड-खण्डिनी बनी और सद्विचार की प्रसारिका।
तर्क की है साधिका और विज्ञान की प्रचारिका।।

जिसने भी समझा बोझ जीवन उसको कराती बोध है।
जिसने भी समझा तत्व -दर्शन, उसको कराती शोध है।।

❖

कृष्ण जी द्वारा ओ३म का गुणगान

तू मेरा अनुसरण कर अर्जुन- यह अर्जुन को था बतलाया।
आदर्श-उद्देश्य क्या जीवन का? -खोलकर था समझाया।।

'मैं' और 'मेरा' का गीता में जहां कहीं उल्लेख हुआ।
वहां-वहां श्री कृष्ण जी ने ईश्वर का ही उपदेश दिया।।

'मैं' और 'मेरा' के द्वारा भी कोई 'अहं भाव' नहीं गीता में।
शालीनता और सौम्यता का विनम्र भाव है गीता में।।

ईश्वर नहीं कहा स्वयं को कृष्ण ने सारी गीता में।
ना स्वयं को अवतार बताते कृष्ण जी सारी गीता में।।

ना निराकार बतलाया स्वयं को ना ही कहा अंतर्यामी।
ना कहते कहीं सर्वव्यापक ना कहते जगपालक स्वामी।।

ना बतलाया स्वयं को परमपुरुष ना कहीं पर जगदीश्वर।
ना कहीं कहा ब्रह्म स्वयं को, ना कहीं पर अखिलेश्वर।।

ना अपनी चर्चा करी कहीं पर ना अपना गुणगान किया।
कदम-कदम पर कृष्ण जी ने ईश्वर का सम्मान किया।।

ब्रह्मचारी थे कृष्ण जी और ब्रह्म में रमण किया करते।
वह सोमरस के रसिया थे, आनंद उसी का लिया करते।।

विलक्षण शक्ति थी उनमें जिस कारण वह सम्मानित थे।
ना उनमें ऐसे दुर्गुण थे जो लोक के द्वारा निन्दित थे।।

पुजारी वह मानवता के थे और निर्भीक दुष्ट संहारी थे।
लोकराज के संस्थापक थे, शुद्ध सात्विक आहारी थे।।

भारत की सात्विक संस्कृति के वह राजदूत सुयोग्य बने।
सांस्कृतिक राष्ट्रवाद के संवाहक और सपूत सुयोग्य बने।।

वह ओ३म के जप में डूबे रहकर, सब कर्मों को करते थे।
जीवन में मिला जो दीन दुखी उसकी मन से सेवा करते थे।।

गीता का एक-एक शब्द हमें संदेश निराला देता है।
थककर नहीं बैठेंगे जग में हर शब्द उजाला देता है।।

अपने लोगों से कहा माधव ने - 'आओ मेरे पीछे चलो।'
ऐसा कह संदेश दिया कृष्ण ने- 'ओ३म' जाप करते चलो।।

❖

जय-विजय करता हूँ मैं

तर्ज : *कह रहा है आसमां...*

उत्पन्न करता सारे जग को और भरण करता हूँ मैं।
अंत में प्रलय मैं करता, मरण भी करता हूँ मैं।।

'वासुदेव' मुझको ही कहा है, संसार का हूँ आसरा।
सुख-संपदा देता हूँ सबको, चिंताएं हरता हूँ मैं।।

आपदाएं जितनी आतीं, संसार में मेरे भक्त पर।
बिन बताए भक्त को, विपदाओं को हरता हूँ मैं।।

जो भी मुझको भज रहे हैं उनका मुझे सब ध्यान है।
वे निश्चिंत हो भजते रहें, प्रबंध भी करता हूँ मैं।।

आवास भोजन वस्त्र की जो भी जरूरत आ पड़े।
हर भक्त की पूरी करूं और निश्चिंत भी करता हूँ मैं।।

लहलहाती फसल हो और किसान भी प्रसन्न हो।
समय से पहले सब व्यवस्था, उनकी भी करता हूँ मैं।।

'वासुदेव' मेरा नाम है, और वसुधा मेरा परिवार है।
परिवार खुशियों से भरा हो, आनंद भी करता हूँ मैं।।

पांडवों में एक 'अर्जुन' तू विभूतियों से है लदा।
मैं भी अर्जुन पांडवों में, ये घोषणा करता हूँ मैं।।

मुझमें तू और तुझमें मैं हूँ, तू समझ इस राज को।
जय हमारी होगी निश्चित, तुझसे वचन करता हूँ मैं।।

हीनता के भाव अर्जुन! मस्तिष्क से तू दूर कर।
वीरता के भाव तुझमें फिर से ही भरता हूँ मैं।।

ज्ञान का है नाम- बुद्धि, जीवात्मा का गुण यह।
सब स्रोतों का मैं स्रोत हूँ, और ज्ञान भी करता हूँ मैं।।

मैदान में तेरे सामने जो योद्धा गण आकर खड़े।
मर चुके हैं सारे ही यह बात भी कहता हूँ मैं।।

तूफान भी आते हैं अर्जुन! जब युद्ध जाता हो लड़ा।
ढल जाएंगे तूफान सारे जय-विजय करता हूँ मैं।।

उफनती नदिया कह रही - नामोनिशान दूंगी मिटा।
झाड़ियों और दरख्तों की, रक्षा भी करता हूँ मैं।।

वेद - मार्ग पर चलें, संसार की सभी जातियां।
वेद के द्वारा ये अर्जुन! संकेत भी करता हूँ मैं।।

❖

मेरी विभूतियां अनंत हैं

मेरी विलक्षण शक्तियां, हैं मेरी तरह ही अनंत।
दिव्यताओं का मेरी ना हो सकता कभी अंत।।

जो कुछ भी यहां हो रहा सबका ईश्वर मूल।
किसी को कांटे मिल रहे, किसी को मिलते फूल।।

प्रारब्ध प्रबल होत है, खिला रहा सब खेल।
किसी का जीवन स्वर्ग सम किसी का बन गया जेल।।

ईश्वर सब में व्याप्त है, देखे बिरला कोय।
कण-कण में जो देखता, सचमुच पंडित होय।।

जीव सदा अल्पज्ञ है, सर्वज्ञ विधाता एक।
जीव अल्प सामर्थ्य है, समर्थ विधाता एक।।

सुना नहीं, देखा नहीं, जो उससे बढ़कर होय।
सबका पालन कर रहा, नहीं दिखता मोय।।

दूर कहीं बैठा हुआ, है फिर भी मेरे पास।
मिलन की आशा भरी हृदय में है प्यास।।

प्राणायाम करते रहो और करो योग अभ्यास।
धीरे-धीरे मन रुके, ज्यों-ज्यों बढ़े अभ्यास।।

लौ-दीपक रहती अचल, जब हवा हो शांत।
वैसे तन स्थिर करो, करके मन को शान्त॥

मन में यदि जन्में कभी घातक नीच विचार।
धक्का दे बाहर करो, लाओ शुद्ध विचार॥

मन के मैल मिटाइये, करो योग उपचार।
निर्मल चित्त बनाइए, करें कृपा करतार॥

बलदातः परमेश्वर, रखे दीन-हीन की लाज।
शत्रु का संहार कर और कहना मेरा मान॥

ध्यान लगा अर्जुन सुनो! मेरे मन की पुकार।
शांति के हित धार ले, अपने सब हथियार॥

विलक्षणता मेरी यही, ना रहे नीच के पास।
दीन-हीन की सेविका, भरे जीवन में उल्लास॥

❖

ईश्वर को जानो कण-कण में

विभूति होती देन योग की हर किसी को नहीं मिला करती।
जिनकी बने साधना ऊंची उनका ही अवलंब लिया करती।।

विभूति संपन्न अनेकों जन संसार में सम्मानित हुआ करते।
जिन पर कृपालु की कृपा नहीं, वे अपमानित हुआ करते।।

जिनकी कथनी करनी में भेद रहे, वे ही पिशाच बना करते।
असुर, दैत्य, राक्षस उनको ही, वेदादि ग्रंथ कहा करते।।

आचरण जिनका हो दुर्गन्धित वे मोक्ष को नहीं पाया करते।
अंधकार जिन्हें प्रिय रहता-आगे भी उसी में भटका करते।।

ऊंचा सोचे, ऊंचा करते और ऊंचा बनने का व्यवहार करें।
वही 'ऊंचे' को पा सकते हैं जो सदा ऊंचे का सत्कार करें।।

ऊंचा बनना आसान सदा, है ऊंचे बने रहना बड़ा कठिन।
करो साधना ऊंचेपन की, है ऊंचे से मिलना बड़ा कठिन।।

आत्महत्या करते वे पापी जन, जो राक्षस बन जीवन जीते।
आत्मा का हनन करते हैं सदा, वेदामृत कभी नहीं पीते।।

आत्मा की बातों को माने और आवाज सुने हृदय भीतर।
उसको ही उन्नत मानव मानो जो कान लगाए अपने अंतर।।

सृष्टि के पालक ईश्वर का, जो अपमान करें -तिरस्कार करें।
आत्महत्यारे उनको भी मानो, जो ईश्वर को अस्वीकार करें।।

भोगों के पीछे भगते जाना तो पागलपन की सीमा होती।
विषय भोगी मानव की जग में, ना इच्छा कभी पूरी होती।।

जो विषय भोगों में सुख खोजा करते, मोक्ष के भागी ना होते।
मोक्ष उन्हीं को मिल सकता, जो क्रोधी- कामी ना होते।।

विषय भोगी मानव फंस जाता, काम-क्रोध के व्यसनों में।
तामस उनको ही घेरा करता, फंसते राजरोग के व्यसनों में।।

दुर्योधन के दुर्दिनों का दौर दिखाई देता दूर तक प्रकाश नहीं।
दंड पाती दिव्यता दुष्टता से, दानव दल का रहना ठीक नहीं।।

ईश्वर को जानो कण-कण में,सर्वव्यापक भी समझो उसको।
आत्मोन्नति होती है अर्जुन! जब उसको सदा निकट समझो।।

मेरी सभी विभूति अर्जुन! मिल सकतीं तुझको सरलता से।
तू साधक बन जा, मत बाधक बन,शत्रु को मिटा गरलता से।।

❖

इस बंधन को अटूट करें

तू देख नहीं सकता मुझको अपने भौतिक संसाधन से।
आंखें कुछ दूरी तक काम करें अपने सीमित साधन से।।

मैं दिव्य चक्षु तुझको देता, पार्थ!देख सके तो देख जरा।
क्या है मेरा योग- ऐश्वर्य? तू ध्यान लगा कर देख जरा।।

मेरी दिव्य दृष्टि पाकर अर्जुन! अपने सारे संशय शूल मिटा।
जो भी इसको पा लेता है वह संसार में बता कब कहां गिरा?

आध्यात्मिक अनुभव होती है यह दिव्य दृष्टि कुछ और नहीं।
इसके अनुभव से ना बच सकता बिन देखे कुछ और नहीं।।

मैं अग्निमय शक्ति बनकर जीवन की चिंगारी विकसाता हूँ।
पास मेरे जो भी आते, पथ -प्रदर्शक उनका बन जाता हूँ।।

मुझमें मृत्यु का अंश नहीं, नियामक फिर भी मैं ही उसका।
संसार-चक्र मुझसे चलता, पथ निर्धारक मैं ही उसका।।

मैं दिव्य तत्व का प्राण हूँ अर्जुन! अग्निमय सार भी मैं हूँ।
मैं ही विधायक और नियामक जीवन का आधार भी मैं हूँ।।

मत मानो मिथ्या मत पन्थों को जो वेदों का निंदन करते।
सच समझो सन्मार्गी शास्त्रों को जो वेदों का वंदन करते।।

चला-चली का खेल चराचर में चंगुल में चौपाये दोपाये भी।
मृत्यु बनी शिकारी फिरती, संग साथ शिकंजा लाई भी।।

हैं अगणित सूर्य- मंडल उस सत्यस्वरुप सृष्टि- कर्ता के।
ना दिखला सकता कोई रूप हमें सृष्टि के पालन कर्त्ता के।।

वह देवाधिदेव हिरण्यगर्भ हमारा जनिता और विधाता है।
सृष्टि उसकी रचना है, कहता वेदों का हर कोई ज्ञाता है।।

है सुदर्शन चक्र घूम रहा, सारी सृष्टि का उसी की कृपा से।
सृष्टि में जो भी शुभ होता, सब होता उसी की कृपा से।।

जिस के बंधन से बंधे हुए हम, वह बंधु! जगत विधाता है।
बस बंधन में उसके बंधने से, हर कोई मोक्ष पा जाता है।।

उस जनिता और विधाता से, हम प्रेम करें और बंधे रहें।
इस बंधन को अटूट करें, निर्भय ओर लक्ष्य की बढ़ते रहें।।

❖

समझ बिना अस्थि वाले को

ब्रह्मामृत का सेवन करते, हम उसको ही ध्याते भजते रहें।
मिलेगा निश्चय वह हमें ऐसा जान निरंतर आगे बढ़ते रहें।।

स्थित समस्त धामों में, हमारे विचार भाव में रमा हुआ।
जानता भाव-भुवन को भी, ना कोई उससे बचा हुआ।।

प्रभु के ऊंचे खेलों को ना हर कोई समझ पाता जग में।
जो भी समझ लेता उसके, ना संशय शेष रहे मन में।।

हृदय की गुहा में मिलता है वहीं बैठा खेल रचा करता।
कठपुतलियों को संकेत करे, अपने आप छुपा रहता।।

यंत्रवत सारा संसार चले एक संकेत पर सारा जग नाचे।
जितने भर भी प्राणी जग में, उतने ही बनाए हैं सांचे।।

अनमोल सभी का जीवन है, अनमोल बनाने वाला है।
अनमोल को अल्पज्ञ कभी- ना सही समझने वाला है।।

समाधान बनो- व्यवधान नहीं, उत्तर बनो- प्रश्न नहीं।
सच्चे सीधे साधक बन सोचो संसार क्या है- क्या नहीं।।

सौंदर्य में मैं ही चमकता अर्जुन!जल में भी मेरी शक्ति है।
यदि तूने ऐसा समझा नहीं तो निष्फल तेरी भक्ति है।।

सब प्राणियों का बनकर साथी मैं श्वास संभाले रखता हूँ।
हरियाली में भी है वास मेरा, आकाश संभाले रखता हूँ।।

प्रकृति- पाश में बांधे रखते, यह नेत्र हमारे जो दीख रहे।
प्रकृति से परे जो कुछ भी है, इनसे कभी ना दीख सके।।

दिव्य चक्षु से हम देख सकें जो सूत्र सभी को बांध रहा।
मैं समझ सकता तेरा संशय जो हृदय में तेरे कौंध रहा।।

अस्थि वाले को चला रहा, बिन अस्थि वाला भीतर बैठा।
समझ बिना अस्थि वाले को, क्यों रथ में पीछे तू बैठा?

पीछे हटना कभी उचित नहीं, आगे बढ़ना अनुकूल तेरे।
यदि निर्णय उचित लिया नहीं तो व्यर्थ रहेंगे अस्त्र तेरे।।

जीवन सार्थक तब ही होता, जब भक्ति भी सोपान चढ़े।
जीवन को निरर्थक समझो उसको जो भक्ति से दूर हटे।।

❖

विश्व रूप का दर्शन करना

अनेकों रूप ईश्वर के जिन्हें मैं योग से जाना।
तू भी देख ले अर्जुन! कितने रूप हैं नाना।।

जो तूने देखा नहीं अब तक, उसे तू देख ले अर्जुन।
मेरे में सिमटा हुआ सारा यह संसार है अर्जुन।।

विश्व के दर्शन करा दिए, एक ब्रह्म तत्व में कृष्ण ने।
'एक' में सारा जगत उपस्थित- यह बतलाया कृष्ण ने।

अनेकता को एक में लाना -यह भारत की संस्कृति है।
जो एकता को अनेक बनाए- यह मानव की विकृति है।।

विश्व रूप का दर्शन करना- सबको एक समझना है।
सबमें शएकश शएकश में सब हैं- ऐसा अनुभव करना है।।

संसार हमें ना एक दीखता- यह नजरों का धोखा है।
हम इसको पाकर मुक्ति पाएं, किसने हमको रोका है?

है अनेकता नहीं खंडता- समरसता ही है एकता।
हमारे तन में भी अनेकता नहीं, बस भासती है एकता।।

हमारे शरीर में आंख आदि अवयव- दिखते अनेक हैं।
पर इन सभी के मूल में- वह शमैंश अकेला शएकश है।।

दीखता है भेद हमको, पर है अभेद हमारे शरीर में।
इंद्रियों में भेद नाना, पर है एकात्म हमारे शरीर में।।

शएकश ही वह सूत्र है, जो बांधता हमें एकता की डोर में।
साधक शएकश की ही खोज में, है संकल्प लेता भोर में।।

तब घेर लिया अर्जुन को आकर, अनुभूतियों के साये ने।
समझा था उसने ब्रह्म को अब तक विभूतियों के साये में।।

अर्जुन ने लिए शदिव्य चक्षुश- शएक ब्रह्मश के दर्शन के लिए।
हृदय पुलकित हो गया, और दिव्य- दर्शन भी किए।।

❖

सृजन जहां- है विध्वंस वहीं

भगवान अनेकों मुख वाला और आंखों वाला होता है।
धारण करता अनेकों दिव्य भूषण वस्त्रों वाला होता है।।

अनेकों शस्त्रों से रहे सुसज्जित, शत्रु संहारक होता है।
वेद की यह उक्ति सही है वह ब्रह्मांड का धारक होता है।।

सब ओर उसके मुख होते, सब ओर ही आंखें रखता है।
सब ओर उसके पग होते और सब ओर बाहु रखता है।।

उपनिषद और पुराणों में जहां-जहां भी ऐसा वर्णन आता।
वहां- वहां वेद की वाणी का, उद्घोष नजर हमको आता।।

जैसी नदियां बड़े वेग से, दौड़ी जातीं सागर की ओर।
वैसे ही मानव- दल भागा आता ईश्वर तेरे मुख की ओर।।
जब तक ना ढाया जाए पुराना तब तक निर्माण असंभव है।
जब हो जाता है पूर्ण विनाश, तब उत्पत्ति संभव है।।

जैसे जलते दीपक की ओर, मच्छर भी भगते आते।
वैसे ही मरणशील प्राणी तेरे मुख की ओर दौड़े आते।।

निश्चय है काल सभी का और मरना सबको ही होता है।
फल वैसा ही मिलता सबको, जैसा जग में कोई बोता है।।

एक दिन जन्म हमारा होता, एक दिन तैयारी मरने की।
ना कोई बराबरी कर सकता, तेरे कामों को करने की।।

जहां विकास -वहीं विनाश, सृजन जहां- है विध्वंस वहीं।
कहीं राम-कृष्ण से भद्रपुरुष कहीं रावण और कंस कहीं।।

परमेश्वर का एक रूप देखकर अर्जुन विस्मित खड़ा हुआ।
अबसे पहले अपने जीवन में ना दृश्य कभी ये देख सका।।

अनंत प्रभु की अनंत महिमा, विश्व रूप में प्रगट दिखी।
अर्जुन समझ ना सका तनिक, कैसे महिमा जाए लिखी।।

प्रज्ज्वलित जीवन की ज्योति को कभी बुझना भी होता है।
समझदार तो चुप है रहता, पर अज्ञानी जन रोता है।।

सार तत्त्व जीवन का केवल, आना और फिर चले जाना है।
मुक्ति से भी है पुनरावृति - जीवन का उदय हो जाना है।।

❖

तेरी शक्ति अपरिमित कितनी?

अर्जुन बोला- हे मधुसूदन! मैं कैसा देख रहा हूँ रूप?
सारे देव एक साथ में बैठे और नतमस्तक बैठे हैं भूप।।

अनेक मुख, उदर और बाहु आदि चारों ओर दिखाई देते।
हे विश्वेश्वर! विश्वरूप!! मुझे तेरे दिव्य रूप दिखाई देते।।

ना आदि कहीं ना मध्य कहीं, ना अंत कहीं दिखता मुझको।
मैं समझ नहीं पाता भगवन, यह जग कैसे लखता तुझको?

मैं तुझे देखता हूँ ऐसा, जैसा ना पहले अब से देखा।
रूप तेरा अनोखा भगवन, इसका कौन बना सकता लेखा?

परम ज्ञेय, अविनाशी ब्रह्म और जगत के अन्तिम आधार!
आप सनातन धर्म के रक्षक, आप ही सनातन के आकार।।

सब दिशाओं में प्रकाश तेरा ही, सब लोकों का सृजनहार।
करें देवता भजन तेरा ही और तू ही सुनता उनकी पुकार।।

भयभीत हूँ मैं तेरा रूप देखकर, लोक भी सारे कांप उठे।
तेरी शक्ति अपरिमित कितनी भी, हम सारे ऐसा भाँप चुके।।

मन की व्याकुलता बढ़ती जाती, होता जाता और अधीर।
तेरी दाढ़ों में घुसते जाते, संसार के जितने भर भी वीर।।

जैसे विनाश के लिए पतंगे- बढ़ते प्रदीप्त अग्नि की ओर।
लेकर मनोरथ विनाश का अपने, लोग बढ़ रहे तेरी ओर।।

मैं समझ नहीं पाया केशव! है अद्‌भुत रूप वाला यह कौन?
देखकर जिसका उग्र तेज, हो गई दसों दिशाएं मौन।।

जग को समेटने में प्रवृत्त हो, आप करते जाते अपनी क्रिया।
तेरे काल रूप की देख उग्रता, मौन हुई मेरी प्रतिक्रिया।।

नमस्कार मैं तुमको करता और बारंबार अभिनंदन भी।
सब ओर से मेरा नमन तुम्हें, करूं नंदन भी और वंदन भी।।

❖

ज्ञान, दर्शन और प्रवेश

श्री कृष्ण बोले- मैं अर्जुन, लोकों को कर सकता हूँ क्षय।
मैं वही काल हूँ- जिस पर ना पा सकता कोई विजय।।

जितने योद्धागण यहाँ खड़े हुए ये कभी नहीं बच सकते।
ये सारे मिलकर कभी नहीं सामना मेरा कर सकते।।

जिसको शक्ति है सुख देने की, दुःख भी वही दे सकता।
जिसने किया विकास जगत में विनाश वही कर सकता।।

जिसने उत्थान का पाठ पढ़ाया गिरा वही सकता हमको।
जिसने किया है सृजन- दे सकता विध्वंस वही हमको।।

अकारण विध्वंस कभी नहीं होता कारण उसका भी होता।
कारण के बिना कार्य का, नियम कभी नहीं हो सकता।।

विध्वंस तभी तांडव करता जब पाप जगत में बढ़ जाता।
सामग्री विनाश की जुटती है जब धर्म धरा पर घट जाता।।

वेदों के पढ़ने से भी तू नहीं देख सकता था मेरा यह रूप।
न तप से न दान से न यज्ञ से तुझे मिलता मेरा ऐसा रूप।।

हैं तीन क्रम मुझ तक आने के- ज्ञान, दर्शन और प्रवेश।
ऐसी जिसके पास साधना हो,वही आ सकता है मेरे देश।।

ज्ञान कहता हर मानव से- जीवन लक्ष्य निश्चय कर अपना।
बिना लक्ष्य के पग नहीं उठता, अधूरा रहता हर सपना।।

लक्ष्य निश्चय हो जाता है तो लगती लगन उसके दर्शन में।
सत्य का दर्शन होता जाता नहीं फंसता मन आकर्षण में।।

धीरे-धीरे मिथ्या वाद को, मन से दूरी मिलने लगती।
यथार्थ सत्ता के मिलने की, आशा भारी जगने लगती।।

मिथ्यावाद हटकर मानव के हृदय से अज्ञान निकल जाता।
प्रवेश सफल होता मानव का, अंधकार हृदय का जाता।।

❖

सब हो जाओ निसंग

करता जो मेरे लिए अपने सारे काम।
आनन्द जग में वह करे पाता है कल्याण।।

निष्काम कर्मी बन सदा, भजत प्रभु का नाम।
भक्त बने भगवान का, मिले मोक्ष का धाम।।

जिसने त्यागा बैर को, चले बाँटता प्रीत।
उसको ही भगवान की मिलती हरदम प्रीत।।

ना किसी से प्रीत है और नहीं किसी है द्वेष।
कभी ऐसे जन संसार में, पाते नहीं क्लेश।।

समता का संसार में, जो करता व्यवहार।
हरता उसके कष्ट को, सर्वजीवनाधार।।

जो सज्जन की रक्षा करे और दुष्टों का संहार।
वह मेरे कर्मों को करे और पाये मेरा प्यार।।

जिसने माना ईश को पाना अपना लक्ष्य।
संसार में मिलती उसे जय अर्जुन! निश्चय।।

भगवान को पाता वही जो करे समर्पण नित्य।
भगवान तक पहुंचे वही, लगे भजन में चित्त।।

जो फल की रखता भावना, करता अपने काम।
उसको भगवान ना मिलें,ना रह सका निष्काम।।

लालच की यह भावना, करे रंग में भंग।
भगवान सेवा से मिलें, निस्वार्थ भाव हो संग।।

जिसने सेवा ही करी, पा गया मेवा खूब।
'मम भक्त' उसको कहें, हों राजी भगवन खूब।।

कर्म करे- पर ना करे, कभी भी फल का संग।
गीता का उपदेश है- सब हो जाओ निसंग।।

आसक्ति को त्याग दो, है यही धर्म का मर्म।
समझ गया जो भी इसे है उसका साथी धर्म।।

बीज स्वार्थ का जो तजे, संग का करता त्याग।
वैर उस को छूता नहीं, पवित्र होते भाव।।

❖

निसंग रहता है सदा

जो तेरे-मेरे से उठे और मिटा देत दुर्भाव।
मुझको पाता है वही, जो रखता हो सद्भाव।।

परमपिता परमात्मा स्वयं रमा मेरी देह।
निसंग रहता है सदा, पर रखता सबसे नेह।।

आकाश सर्वत्र व्याप्त है, पर नहीं किसी में लिप्त।
हर वस्तु से दूर है, होकर भी संलिप्त।।

असंग रहित है संग से, काम करे निष्काम।
है आत्मा का भी यही, देह के संग में भाव।।

पार्थ! इस संसार में तू पा ले यश का लाभ।
सज्जन की रक्षा करो, दुर्जन का संहार।।

निज शत्रुओं को जीतकर, करो राज्य उपभोग।
मेरे द्वारा मर गए, जो भी खड़े यहां लोग।।

हे सव्यसाची पार्थ! तू है केवल इसका निमित्त।
धर्म समझ पूरा करो, स्थिर करके चित्त।।

जो कुछ जग में हो रहा, सबका कर्त्ता 'एक'।
मानव के वश कुछ नहीं, मिटा भ्रम-संदेह।।

निमित्त बने हम कर रहे, सांसारिक सब काम।
कोई कराता हमसे है, ना करते हम आप।।

जिस दिशा में हो रहा, सारा जग गतिमान।
है संचालन सब ईश का, जानत वही महान।।

द्रोण भीष्म और कर्ण से, जितने भी महावीर।
मेरे द्वारा मर चुके, फिर तू क्यों है गंभीर?

सुन,अर्जुन कहने लगा - आप हैं अपरंपार।
सब कुछ जगत के आप हैं, सृष्टा- पालनहार।।

❖

ईश्वर भासता ब्रह्मांड में

एक सूर्य ही कर रहा, प्रकाश सभी लोक में।
सब मस्त रह जीवन चलाते प्राणी इस लोक में,
प्राणी सब स्वस्थ रहते, इसके ही आलोक में,
सब प्राणियों का ध्यान रखता खुशी और शोक में।।
उपकार इसके हैं घने, कोई बतला सकता नहीं,
सब जगह सब काल में हमसे दूर हो सकता नहीं।।

सूर्य की भांति ही ईश्वर भासता ब्रह्मांड में,
सर्वत्र उसी की रोशनी फैली है ब्रह्मांड में,
गुणगान ऐसा कर गए अनेकों विद्वान ब्रह्मांड में,
अनेकों हो गए विद्वान तपसी अपने भरतखंड में।।
सर्वव्यापक है परमात्मा- मेरी बात धर ध्यान में
गाते प्राणी गीत उसके सभी अपने गुणगान में।।

अनुभव करें निज देह में परमात्मा की ज्योति को।
देखें,चेतना के हर केंद्र में ज्योतियों की ज्योति को
वह भासता है हर अणु में नमन उसकी ज्योति को
कृतज्ञ रहें, बुझने न दें- हृदय में अपनी ज्योति को।।
आवास उसका विश्व है- उसमें शयन करता वह
अंतः करण में वास कर, हमें प्रेरणा करता वह।।

अपना भला- तेरा भला, इसमें ही सबका है भला
तोड़ा जिसने नियम यह- वह खाली हाथ ही चला
जग उसका ही हुआ -जीने की जिसने सीखी कला
जो भी बंधा उस डोर से- सम्मान उसको ही मिला।।
तामस को सारे छांट दो बढ़ने न दो अपने निकट
तामस के कारण ही हमें मिलती समस्याएं विकट।।

❖

उसके बाहर कुछ शेष नहीं

देह क्षेत्र कहलाती अर्जुन! क्षेत्रज्ञ इसका ज्ञानी होता।
संसार 'क्षेत्र' है- 'क्षेत्रज्ञ' इसका ईश्वर सा मानी होता।।

पृथ्वी, जल, तेज, वायु और आकाश क्षेत्र में आते हैं।
दस ज्ञानेन्द्री कर्मेन्द्री और उनके विषय इसी में आते हैं।।

अहंकार, बुद्धि और प्रकृति भी इसी में शामिल होती है।
मन की चंचलता भी अर्जुन! इसी में शामिल होती है।।

इच्छा, द्वेष, सुख- दुख और पिण्ड चेतना शक्ति भी।
क्षेत्र के वर्णन में आती है, हमारी धृति - शक्ति भी।।

अभिमान नहीं होता जिसमें छल दंभ कपट से दूर रहे।
अहिंसा, क्षमा, सरलता से जो सारे दिन भरपूर रहे।।

आचार्यों की सेवा करता, शरीर- मन से जो शुद्ध रहे।
स्थिर आत्म संयमी को यह संसार सदा से बुद्ध कहे।।

अनन्य भाव से भक्ति करता भगवान उसी से खुश रहते।
आत्मज्ञान में मगन रहे जो उसे तत्वज्ञ ऋषिगण कहते।।

जानने योग्य को ज्ञेय कहें - सब ऋषि मुनि ऐसा कहते।
सर्वत्र उसी के हाथ- पैर हैं, वेदों के ज्ञानी कहते।।

अनासक्त रहकर भी भगवन, संभाल सभी की करता है।
सत रज तम से दूर है फिर भी प्यार सभी को करता है।।

सत, रज, तम तीनों रहते हैं, मानव देह में पार्थ सुनो।
सत जब बढ़ जाता सुख लाता मानव देह में पार्थ सुनो।।

इंद्रियों को जो अच्छा लगता- उसको सुख कहा करते।
इंद्रियों को लगे बुरा जो -उसको ही दुख कहा करते।।

ज्योतियों की भी ज्योति है अंधकार का उसमें लेश नहीं।
वही ज्ञान है, ज्ञेय वही है- उसके बाहर कुछ शेष नहीं।।

❖

सतोगुण भी पीछे छोड़ना

जिनकी सतोगुणी वृत्ति होती, उन्नति भी उनकी होती।
उन्हें सत्व के प्रकाश में, शांति की भी उपलब्धि होती।।

सत्व से ही चल रहा जगत और सत्व ही कल्याणकारक।
परोपकारक सत्व है और सत्व ही है आनंददायक।।

सत्व जिसके पास हो वह जीतता है मन सभी के।
वह उन्नति करता जगत में और काम आता है सभी के।।

साधु- सज्जन संसार में चलते सदा सत्व के प्रकाश में।
सत्व से ही गूंजता है नाम उनका धरती और आकाश में।।

जिनकी वृत्ति हो रजोगुणी वह बीच में ही रहें।
ले सकते भौतिक संपदा, पर अध्यात्म से वंचित रहें।।

होता नहीं निर्मल यह, पर मलीन भी पूरा नहीं।
मलीन हो जाता यह, है दोषों से भी अधूरा नहीं।।

है तमोगुण अंधकारमय, जिसमें नीचता का वास है।
मिलता दुःख ही सर्वत्र हमको और शोक इसके पास है।।

तम में भटकते जीव को प्रतीत दुख होता नहीं।
अज्ञान के अंधकार में सुख के बीज कभी होता नहीं।।

रजोगुण में संशय ही रहे, सतोगुण में है ज्ञान- संपदा।
रज, तम को हम को जीतना जो कष्ट देते हैं सदा।।

सत्व गुण को प्राप्त कीजिए, रहो आनंद की ही खोज में।
सतोगुण भी पीछे छोड़ना, सदा बात रखना बोध में।।

सतोगुण करे अहंकार पैदा और अभिमान का कारण बने।
शुभ कार्यों में आसक्त रहता इसलिए छोड़ ना इसको पड़े।।

तुम छोड़ कर अहंकार को, निर्मल चित्त से बढ़ते रहो।
यही गीता का उपदेश हमको, सतत साधना करते रहो।।

❖

आ गया धरा के आंगन में

गुणातीत भी तू, शब्दातीत भी तू,
कैसे तुझसे किन शब्दों में हम संवाद करें?
जो निर्गुण और सगुण दोनों है,
किस प्रार्थना के द्वारा उससे हम बात करें?
हर पल साथ हमारे रहता पर
कभी दिखलाई नहीं पड़ता है,
'चरैवेति-चरैवेति' कहते-कहते संत गए
उसकी अतुलित महिमा का कैसे हम बखान करें?

जो सत, रज, तम से परे निकल जा
कुछ कहने को ना शेष रहे।
नहीं सुर दे सकती उसको वीणा
उसके आगे अच्छे-अच्छे शत्रु खेत रहे।
चलता समत्व भाव को हृदयंगम कर
उसको भूमंडल नतमस्तक हो जाता है,
जो सबको अपना समझ व्यवहार करे
अमर पद पाने वाले के सदा जग में अवशेष रहे।

जो अपने अंदर ही रमण करे
और स्वस्थ चित्त रहे हर हालत में।
कोई विषमता उसका कुछ कर न सके
जब निर्मल चित्त मगन रहे प्रभु चिंतन में।
जब समता सिर चढकर बोल उठे
और सारा संसार जय- जयकार करे,
तब समझो कोई भूसुर बनकर दिव्यपुरुष
आ गया धरा के आंगन में।।

जो ढेला,पत्थर, सोना, चांदी
इन सब को समान समझता हो।
बड़े से बड़ा कोई आकर्षण भी
नहीं सत्यपथ से उसे डिगा सकता हो।
उस समदर्शी का अभिनंदन करता
और संसार सजाता स्वागत द्वार,
बताओ! है कौन भला इस भूमंडल पर
जो सामना उस समदर्शी का कर सकता हो?

❖

हथियार उठा निर्भय होकर

जो धैर्य रखने वाला हो, कष्टों में ना घबराता है,
स्तुति और निंदा में जो समदर्शी रह पाता है।
मान और अपमान में भी भाव समान बनाए रखे
ऐसा मानव ही दुनिया में भगवान का भक्त कहाता है।।

जो शत्रु का भी हितचिंतन करे मित्र की भांति ही,
नहीं डिगा सकती उसको निज पथ से भयंकर आंधी भी।
उसके कष्ट नष्ट हो जाते और जीवन पथ प्रकाशित हो
वह सबका हो करके रहता और न्याय का रहे हिमाती भी।।

सपनों में घुन लग जाता और महल खड़े रह जाते हैं,
उल्टी चलते चाल जगत में, ना चैन कभी वह पाते हैं।
जिन्हें निंदा चुगली अच्छी लगती चिंतन उनका नीच रहे
भगवान उन्हीं को दर्शन देते व्यसन जिनके मिट जाते हैं।।

जीवन एक साधना अर्जुन! हर कोई इसे ना साध सके,
बता! ऐसा कौन जगत में है? जो मेरे-तेरे साथ चले।
करते कर्म अपने-अपने सब और फल भी अपने भोग रहे
चला- चली के इस मेले में बस धर्म ही अंत में साथ चले।।

मत कायर बन क्षत्रिय होकर हथियार उठा निर्भय होकर,
जीवन को संगीत बना ले क्यों समय बिताता है रोकर?
अर्जुन! वीरों के चोले को पाकर वीरों सा संगीत सुना
सुनने को आतुर जग सारा, गांडीव उठा निर्भय होकर।।

अमर साधना का साधक तू- निज स्वरूप भुला बैठा,
भारत का दुर्भाग्य है अर्जुन! हथियार फेंक कर तू बैठा।
जिनसे जग की आशा है- यदि वे ही हथियार फेंक भागे
वीर कभी नहीं कहलाते वे, तू भूल कौन सी में बैठा?

❖

जो भक्ति मन से करे...

अनन्य - भाव से जो करे, मेरी भक्ति पार्थ।
मिलता उसको मोक्ष है, यहां आया जो सेवार्थ।।

जो भक्ति मन से करे, उसे मिलते करुणाकंद।
सत, रज, तम से पार हो, पाता परमानंद।।

सेवा महात्माओं की करें, जो हैं ईश्वर भक्त।
आकर्षण में ना फंसें, और ना होते आसक्त।।

पापाचरण से दूर हों, और करते होवें दान।
देव उन्हीं को मानिये, करें सबका कल्याण।।

गौ, गंगा और वेद सब, करें लोककल्याण।
इसीलिए यह देव हैं, ये बात वेद की मान।।

जिनकी श्रद्धा ईश में, वे रखते उसको याद।
शुभारंभ तब ही करें,जब भज लें उसका नाम।।

हमारे भीतर- भीतर ही चले, युद्ध अनोखा एक।
इस देवासुर संग्राम में, कोई जीते योद्धा एक।।

जब देवासुर संग्राम में, जीते सात्विक भाव।
जीवन सफल होता तभी जब मिटें तामसिक भाव।।

जब छूटें सब वासना और मिट जाते हैं विकार।
मर्त्य से अमृत बने, हो मानव की जयकार।।

आलस्य और प्रमाद में, यह जीवन बीता जाय।
अर्जुन! उठ जा बावरे, क्यों मुंह को रहा छुपाय?

देश के हित में सोच ले, और भक्ति का मोल।
देश के कल्याण हित, बुद्धि के फाटक खोल।।

इतिहास उसे कायर कहे, जो भागे रण को छोड़।
है शूरवीर तू जन्म से, अर्जुन! मुँह मत मोड़।।

❖

संदेह मेरे सब मिट गए माधव!

सब धर्मों को छोड़कर जो शरण प्रभु की आ जाता।
हो जीवन का कल्याण उसी का सारे वैभव पा जाता।।

तू शरण में आ जा अर्जुन मेरी,मैं ही जगत की हूँ माता।
जो भी करता याद मुझे, मैं अंतर्मन में मिल जाता।।

कर्त्तापन का बहम दूर कर, भाव समर्पण का ले आ।
अनन्यभाव से शरण में आ जा अहंभाव जग को दे आ।।

यन्त्र मान ले स्वयं को अर्जुन, भगवान चलाते हैं तुझको।
क्यों चिंता में समय गंवाता? मन की बात बता मुझको।।

छोड़ झमेला जग का पगले, सौंप स्वयं को भगवन को।
तेरे सच्चे रक्षक हैं वे, रमा उसी में निज मन को।।

कर्तव्य निभा, मत सोच यहां मैं किसी को मारने आया हूँ।
पीड़ित और दुःखी लोगों को,मैं पार लगाने आया हूँ।।

अपना अस्तित्व रमा दे अर्जुन! जगत विधाता ईश्वर में।
कण-कण में रमा देख उसी को ज्योति जगा जगदीश्वर में।।

सब कुछ छोड़ उसी पर अर्जुन! जो जग का संचालक है।
वही विधाता, रक्षक, ईश्वर और वही जगत का पालक है।।

जबरन जिम्मेदारी लेता- नादानी मत दिखला अर्जुन!
स्वामी के आगे सेवक की, औकात ही है कितनी अर्जुन?

अर्जुन बोला- माधव! मैं तो अब मोह जाल से दूर हुआ।
क्षत्रिय धर्म का मेरे भीतर, अब फिर से है संचार हुआ।।

संदेह मेरे सब मिट गए माधव! हृदय से ऋणी मैं तेरा हूँ।
सार समझ में आ गया मेरी, मैं व्यर्थ में ही मुँह फेरा हूँ।।

राष्ट्र- धर्म के शत्रु जितने मैं सब का ही संहार करूं।
नहीं छोड़ सकता मैं उनको, सब लोकों का उपकार करूं।।

दुर्योधन आदि दुष्टों को, है जीने का अधिकार नहीं।
सनातन का जो नाश करें, उनका तो है संहार सही।।

जो भी शत्रु वेद धर्म के, नहीं दया कभी उन पर करना।
यही शासक का धर्म है माधव, जो मुझको पूरा करना।।

❖

अन्त में...

सन्देश-

आज के अर्जुन! जाग जा पगले, नींद अधर्म की क्यों सोता?
देश- धर्म पर संकट भारी, समय व्यर्थ में क्यों खोता?

जिनको तू अपना समझे था,वही तुझे ललकार रहे।
तेरा धर्म यही बनता है, निर्भय हो संहार करे।।

सत्य सनातन की रक्षा हित, ना देर तुझे अब करनी है।
बात पते की एक है अर्जुन! पाप की गगरी भरनी है।।

चीरहरण हो लिए बहुत, हम जुआ में सब हार गए।
देश के टुकड़े-टुकड़े हो गए, अहिंसा पर सब वार गए।।

गांडीव की टंकार करो और शत्रु का संहार करो।
भारत मां की व्यथा हरो सब जीवों का कल्याण करो।।

❖